Encuentro la televisión muy educativa.
Cada vez que alguien la enciende
me retiro a otra habitación y leo un buen libro.
— Groucho Marx

CAMPO DE ENTRENAMIENTO BUDISTA

por Timber Hawkeye

Traducción de Elena Jiménez Álvarez

Título original: Buddhist Boot Camp
por Timber Hawkeye
Traducción: Elena Jiménez Álvarez

TimberHawkeye.com

Library of Congress Control Number 2017904871

Paperback ISBN	978-1-946005-10-6
Hardcover ISBN	978-1-946005-11-3
Ebook ISBN	978-1-946005-13-7

Hawkeye Publishers
P.O. Box 3098, Camarillo, CA 93011

Entrenamiento básico

Los capítulos de este libro son breves, fáciles de comprender y se pueden leer en cualquier orden.

RELIGIÓN/ESPIRITUALIDAD

EL ENTENDIMIENTO

EL ÉXITO

LA IRA, LAS INSEGURIDADES Y LOS MIEDOS

VIVIR CON GRATITUD

La intención es despertar, iluminar,
enriquecer e inspirar.

Este libro está dedicado a ti.

En resumen...

Me senté ahí frente al lama tibetano, vestido con mi túnica marrón después de años de haber estado estudiado budismo. «Con todo respeto –dije–, no creo que el Buda alguna vez haya querido que sus enseñanzas se volviesen ASÍ de complicadas».

Mi maestro echó un vistazo alrededor y miró todas las estatuas de deidades de múltiples brazos. Se rio entre dientes: «¡El Buda no hizo esto! Fue la cultura tibetana, ésta es su manera. ¿Por qué no pruebas el zen? ¡Creo que te gustará!».

Hice una reverencia al salir del templo, me quité la túnica y me mudé a un monasterio zen lejos de casa. El zen era más simple, eso era cierto (las paredes eran blancas y eso me encantaba), aunque las enseñanzas seguían estando repletas de todo el dogma que me había hecho huir de la religión en primer lugar.

Ya existen demasiados libros formidables que tratan sobre todos los aspectos de la religión, la filosofía, la psicología y la física, pero yo estaba buscando algo menos «académico», por así decirlo. Buscaba algo inspirador, algo que la gente de hoy no sólo llegase a leer hasta el final, sino que además pudiese comprender y utilizar en su vida cotidiana. Imaginé una guía para ser feliz, tan simple que sólo contuviera dos palabras: «Sé agradecido».

La gratitud nos hace apreciar lo que tenemos y ésta es la idea principal de *Campo de entrenamiento budista*.

Los breves capítulos expresan todo lo que he aprendido a lo largo de los años en una forma fácil de comprender y sin necesidad de tener conocimientos previos sobre budismo. De hecho, este libro no se trata de convertirse en budista, sino de ser un buda.

Es posible (y no supone ningún problema) ser católico, musulmán, ateo o judío, por ejemplo, y sentirse inspirado por las enseñanzas del Buda. Se puede amar a Jesús, repetir un mantra hindú y seguir asistiendo al templo después de meditar en la mañana. El budismo no supone amenaza alguna para ninguna religión. Al contrario, fortalece la fe que ya hay en ti al irradiar el amor para que éste incluya a todos los seres vivos.

Un campo de entrenamiento ofrece un método para adiestrarse y el budismo trata precisamente de entrenar a la mente. Mucha gente dice no tener tiempo para meditar cada mañana, pero no por eso deja de buscar una guía espiritual libre de dogmas y rituales. Eso es justamente lo que brinda este *Campo de entrenamiento budista* en un formato breve y fácil de digerir.

Ahora eres un soldado de la paz en el ejército del amor, bienvenido al *Campo de entrenamiento budista*.

Tu hermano,
Timber Hawkeye

LA CONCIENCIA PLENA

El aferramiento

Así como normalmente acumulamos tarjetas antiguas de cumpleaños y suvenires, estados de cuenta, recibos, ropa, aparatos electrodomésticos descompuestos y revistas antiguas, también nos aferramos al orgullo, el enojo, las opiniones anticuadas y los miedos.

Si estamos tan apegados a las cosas tangibles, imagina qué difícil debe ser desapegarse de las opiniones (ni qué decir de abrir la mente hacia las nuevas ideas, perspectivas, posibilidades y futuros). Inevitablemente, nuestras creencias se solidifican para convertirse en la única verdad y realidad que conocemos, lo cual genera una gran brecha entre nosotros y cualquier persona cuyas creencias sean diferentes. Esta distancia no sólo nos segrega, también alimenta nuestro orgullo.

En realidad, todo este aferramiento se origina del miedo.

¿Por qué nos asusta tanto el cambio, la gente desconocida, lo nuevo o lo incógnito? ¿Acaso el mundo no nos muestra continuamente la belleza, la sinceridad y el amor a través de cada generación? ¿Estamos tan enfocados en la oscuridad que ya no podemos ver o incluso recordar la luz? Esta situación se parece a *La historia interminable*. Si recuerdas, en el momento en que la gente deja de creer en una realidad, ésta deja de existir.

¡El amor es real! Está en todo nuestro alrededor. Vibra a través de cada acto de bondad, de cada servicio, a través del arte y la familia.

El miedo también es demasiado real. Se infiltra en cada duda, desesperanza, titubeo, en el odio, los celos, el enojo, el orgullo y el engaño.

Contempla regularmente si tus pensamientos surgen del amor o del miedo. Si se originan del amor entonces síguelos, pero si surgen del lugar donde habita el miedo, busca en tu interior para encontrar la raíz de tu miedo. Sólo entonces serás capaz de desprenderte de él para que no limite más tus posibilidades.

No existe nada de qué quejarse, no existe razón para tener miedo, todo es posible si vivimos el uno PARA el otro.

Hasta donde sé, simplemente no vale la pena emprender nada que no esté destinado a beneficiar a otros.

Toda la felicidad en el mundo
se origina del querer que otros sean felices,
y todo el sufrimiento en el mundo
se origina del querer uno mismo ser feliz.
—Shantideva

Entrenar a la mente

Tu mente es como un niño rico y consentido al cual se le ha educado a pensar cualquier cosa que quiera, cuando quiera y durante todo el tiempo que quiera, sin considerar las consecuencias ni sentir gratitud. Además, ahora que tu mente es todo un adulto, ¡nunca te escucha! De hecho, a veces deseas centrar tu atención en algo pero tu mente continúa divagando en lo que LE place pensar. En otras ocasiones, cuando realmente deseas dejar de pensar en algo tu mente «no puede evitarlo».

Entrenar a la mente significa estar a cargo de tus decisiones en lugar de sucumbir ante los antojos y los denominados «deseos incontrolables». ¿Puedes pensar en un mejor método para aplacar a un niño rico y consentido que un campo de entrenamiento formal?

Comencemos por el principio: deja de complacerte a ti mismo con todo lo que se te antoja. Hacerlo simplemente condiciona al niño consentido para saber que puede seguir teniendo todo aquello que desea.

No se trata de privarse de las cosas, pues no es éste el propósito. Por ejemplo, todavía puedes comer un helado pero únicamente cuando tú lo decidas, no cuando un antojo «se apodera» de ti. Hay una diferencia.

Cuando un pensamiento surja simplemente obsérvalo, no reacciones ante él. «Ah, realmente quiero un helado...». No hay nada de malo en ello. Ve lo que se siente querer algo pero no siempre conseguirlo.

Las primeras veces que intentes entrenar a tu mente notarás que tu niño interno hace un berrinche, lo cual resulta cómico, pero es comprensible. Nunca antes le habías dicho que «no». ¡Es hora de empezar!

Con el tiempo notarás que en realidad tienes más libertad de elegir una vez que tienes el control de tus decisiones. No es sencillo. Sólo espero que este capítulo tenga sentido para ti.

Las cosas resultan mejor
para aquéllos que aprovechan
la manera en que resultan las cosas.
—Art Linkletter

Una visión más amplia

De forma insistente corremos hacia un objetivo o un sueño, hacia un tipo de «línea de meta» siempre distante. Con el pretexto de ir en busca de la felicidad (y con el gran peso que suponen preguntas como «¿En dónde te ves dentro de cinco años?»), nos imaginamos una versión diferente de nosotros mismos que tiene lugar en algún futuro distante: a menudo más ricos, más calmados, más estables y más sabios.

En consecuencia, nos damos muy poco tiempo para apreciar el lugar en el que nos encontramos ahora. Al estar tan enfocados en cómo «podrían ser» las cosas dejamos de apreciar lo maravillosas que ya son.

Por desgracia, esta forma de pensar afecta la manera en que abordamos casi todo lo demás en la vida. En lugar de sentirnos agradecidos por lo que ya tenemos, nos fatigamos con antojos y anhelos que aún no hemos conseguido. En lugar de ver la belleza y la bendición de las amistades y las relaciones presentes en nuestra vida (y lo afortunados que somos de tenerlas en primer lugar), las vemos como algo inferior debido a las versiones imaginarias que hemos creado de ellas en nuestra mente.

Si nos damos tan poco crédito a nosotros mismos por lo lejos que ya hemos llegado, nuestra tendencia será dar a los demás poco o nada de crédito por sus propios esfuerzos en la vida. Si somos impacientes con nosotros mismos, ¿cómo podemos perdonar a los demás? Mientras continuemos juzgándonos frente al espejo haremos lo mismo con todos a nuestro alrededor.

¿Acaso no sería genial detenerse, aunque sea por un minuto de vez en cuando, y reflexionar en lo maravilloso que es todo?

Haz una pequeña pausa y honra el progreso que has logrado hasta ahora en tu vida. Reconoce los dones que POSEES y aprecia la vida en sí misma durante unas cuantas respiraciones.

Evolucionamos, crecemos, aprendemos y maduramos sin cesar. Aceptémoslo, esto nunca se detendrá.

Date un momento para observar cómo los pequeños detalles por los que nos atormentamos parecen desaparecer cuando tenemos una visión más amplia.

Puede que no haya ido a donde tenía la intención de ir,
pero creo que he terminado en donde necesitaba estar.
—Douglas Adams

La vida es de pastel

Hace poco un amigo me preguntó si había algo que cambiaría de mi vida e instintivamente le respondí: «¡Definitivamente no! Me siento más satisfecho que nunca y más feliz de lo que pensé que podía llegar a ser».

Su respuesta fue: «Seguro que te gustaría tener más dinero, una casa más grande o ALGO, ¿no?», a lo cual respondí: «No». Ya soy feliz. ¡Quién sabe lo que tener más dinero aportaría a mi vida!

He aquí una manera de verlo: si la vida es como una receta para un pastel, la cual estamos tratando de perfeccionar, entonces ya tengo la receta perfecta, JUSTO A LA MEDIDA por el momento (con la cantidad exacta de harina, azúcar, polvo para hornear, etc.). Agregar más azúcar, por ejemplo, no necesariamente daría como resultado un mejor pastel. ¡De hecho podría estropearlo!

Del mismo modo, si no estás feliz con tu vida, descubre los ingredientes que la amargan y déjalos fuera. No creas en la publicidad que te incita a poner más glaseado sobre la cubierta. De hacerlo así simplemente terminarás con un pastel más amargo recubierto de una parte glaseada.

La gente hace comentarios como: «¡Si tan sólo me fuera de vacaciones a Hawai mi vida mejoraría!». El problema es que a su regreso de la isla (o en otras palabras, cuando terminan de saborear la parte glaseada), el amargo pastel todavía seguirá ahí, a la espera.

En cambio, y ésta es la mejor parte, si consigues los ingredientes JUSTO A LA MEDIDA, entonces tu vida será fascinante (con o sin la parte glaseada) y todos los placeres adicionales que tengas se convertirán en la cereza del pastel.

Tenemos la oportunidad de ensayar una nueva receta cada mañana (especialmente si vivimos nuestra vida al máximo). Así, incluso si un día tu pastel resultase amargo, no te preocupes, hazlo diferente el día siguiente. Simplemente evita culpar a los demás si tu pastel se queda pegado. Cada uno de nosotros elabora su propio pastel.

He aquí el secreto: aunque la receta de cada uno varíe ligeramente, los ingredientes principales para que la mezcla resulte exitosa son el amor, la gratitud, la bondad y la paciencia. El único ingrediente que amarga todos los pasteles es el miedo. ¡No lo utilices!

¡A disfrutar la sesión de repostería!

Si siempre hacemos lo que siempre hemos hecho
siempre seremos los que siempre hemos sido.
—Anónimo

Menos es más

Mi padre quería ver cómo era mi vida luego de años de escucharme hablar de la simplicidad y el minimalismo. Le dije que para entenderlo VERDADERAMENTE tendría que venir a vivir conmigo por un mes, así que lo hizo.

Él es el típico consumidor materialista, de modo que al entrar por primera vez en mi pequeño apartamento dijo: «¡SANTO CIELO! ¡No tienes nada!».

Sin embargo, después de vivir conmigo durante un mes, de preparar los alimentos juntos, hacer caminatas largas diariamente, leer, escribir, visitar a las personas cara a cara y verdaderamente disfrutar de la simplicidad de mi vida, me abrazó antes de abordar su vuelo de regreso a casa y me dijo: «¡No le falta nada a tu vida!».

Su comentario llenó mis ojos de lágrimas debido a que realmente lo había comprendido. Sus dos afirmaciones habían sido correctas: no tengo nada (en el sentido materialista) y, sin embargo, no le falta nada a mi vida.

Cuando compartí esta historia en la página de Facebook de *Campo de entrenamiento budista*, recibí cientos de comentarios maravillosos provenientes de los lectores que verdaderamente habían entendido el significado de ese momento con mi padre.

Trabajar medio tiempo para poder vivir tiempo completo es la mejor decisión que he tomado. No siento que haya «sacrificado» una vida de «lujos», simplemente he intercambiado los bienes materiales y la ilusión de abundancia por una felicidad real, verdadera.

Cuando era más joven solía mudarme de apartamento cada seis meses, así que aprendí a no guardar NADA que después tuviera que empacar. Nada de chucherías, suvenires y «cosas».

Es realmente agradable sentirse ligero y libre de cualquier apego a las cosas. Si la indecisión de tirar o donar algo que te evoca un recuerdo te aqueja, ten presente que solamente estás regalando el objeto, no el recuerdo.

Si te preocupa olvidar algo toma una foto del objeto (ésta no ocupa nada de espacio). El pasado te soltará si sueltas el pasado.

¡Abre las alas y vuela!

No tienes nada,
y sin embargo, no le falta nada a tu vida.
—Mi padre

Desaprender

No estoy seguro si la sabiduría se trata más de adquirir conocimientos adicionales o de aprender a abandonar la ilusión de que conocemos la verdad esencial.

Mi padre hizo una observación interesante cuando le expliqué la ruta que había seguido mi vida. «No estás tratando de aprender nada nuevo –dijo–. Estás tratando de volver a cuando tenías dos años, ¿no es así?».

Creo que es verdad hasta cierto punto. A esa edad no sabía cómo ser prejuicioso ni cómo juzgar. Todo el mundo me fascinaba sin importar la raza, el peso, la altura, el género e incluso la especie.

De hecho, creo que todos nacemos benevolentes y compasivos, con la capacidad de amar incondicionalmente a todos los seres sensibles sin excepción. Sin embargo, tan pronto como crecemos, nuestros padres, maestros, predicadores y la sociedad nos enseñan únicamente a confiar y a amar a los miembros de la familia o, a lo sumo, a las personas con el mismo color de piel.

En consecuencia, para el momento en que llegamos al bachillerato, estamos tan desconectados los unos de los otros que somos capaces de ver en la televisión a una nación entera morirse de hambre y no sentir ni una pizca de compasión, simplemente porque aquellos que vemos no se parecen a nosotros. A veces es necesario esperar hasta concluir la universidad (si acaso) para por fin despertar y tomar conciencia: «Espera un momento, ¡pero si ellos también son personas!».

Admito alguna vez haberme sentido demasiado distante de las personas que eran «diferentes» a mí en la infancia pero, ciertamente, ¡no estamos obligados a seguir siendo los mismos que fuimos cuando éramos jóvenes! Hoy en día ni siquiera puedo ver a un pez atrapado en la red sin sentir su agonía. ¡Qué decir de ver a otro ser humano sufrir!

A veces la vida no se trata de aprender algo nuevo, sino de DESaprender lo que ya sabemos.

Soy otro tú y tú eres otro yo. El camino sigue. Namasté.

Es más fácil formar niños fuertes
que reparar hombres destrozados.
—Frederick Douglass

La calma es posible

La vida puede parecerse a un estadio de fútbol ruidoso, con todo el estímulo visual y auditivo que un partido implica (los gritos, las risas, el alboroto, la comida, el ruido de los aficionados, los jugadores, los árbitros, el retumbar de las bancas, etc.).

Ahora imagina el mismo estadio en absoluto silencio, sereno y en calma, a grado tal que es posible escuchar a una persona susurrar al extremo opuesto de la cancha. Así es como mejor puedo explicar la transformación de mi mundo gracias a la meditación. Al bajar el volumen pasé de oír la música de la vida a escuchar los sonidos que integran la melodía. Pasé de vivir a estar vivo.

La verdadera belleza es que esto no tiene fin... sigue mejorando. Mis sentidos se han agudizado y puedo percibir incluso el más sutil de los cambios internos. No existen palabras para describir cuán profundo e increíble es este sentimiento. Uno debe experimentarlo, aunque sea por un instante, para verdaderamente poder entenderlo.

Puede que sentarse en silencio no suene muy interesante, pero los resultados de hacerlo cotidianamente son extraordinarios. ¿La paz es simplemente la ausencia de guerra o es la quietud a pesar del conflicto? ¿La felicidad es la ausencia de sufrimiento o es la satisfacción pese a los defectos?

Creo que es posible ser felices en un mundo que ya está destrozado, al igual que es posible tener paz interior en medio del caos. Podemos encontrarnos en una situación frustrante y elegir no sentirnos frustrados, así como podemos encontrar el gozo en situaciones que están lejos de ser ideales. La felicidad es una elección.

Cuando la mente cesa de encontrar placer en la estimulación, la serenidad se instala; brota una calma profunda, acompañada de una leve sonrisa de aprecio y aceptación de todo aquello que pueda suceder, sin juicio ni aversión. Se trata de un sentimiento de alivio más allá de la paz. Es la serenidad divina.

A través de la meditación
y prestando entera atención
a una cosa a la vez,
podemos aprender a dirigir la atención
a donde elijamos.
—Eknath Easwaran

Nosotros somos las víctimas de nuestras propias decisiones

El lugar donde nos encontramos ahora es el resultado directo de las decisiones que tomamos hace siglos, hace años o apenas la noche anterior.

Tenemos una responsabilidad personal tremenda del rumbo que ha tomado nuestra vida y un papel igualmente importante de cómo encaminarla hacia el futuro. A pesar de que constantemente tomamos decisiones, no siempre estamos conscientes de sus consecuencias a largo plazo.

El primer paso es tener una idea suficientemente clara del tipo de vida que queremos vivir (por ejemplo, una vida simple, sin complicaciones, cómoda, calmada y feliz). Luego, antes de tomar cualquier decisión, pregúntate a ti mismo: «Esta acción que estoy considerando, ¿me acercará o me alejará del tipo de vida que quiero vivir?». Nuevamente, la clave está en pensar en las consecuencias de tus decisiones a largo plazo y no sólo en la gratificación inmediata.

He aquí el truco: **Por lo regular, la ruta de MENOR resistencia te alejará más de tu destino que la ruta que parece presentar mayor dificultad. En última instancia, una caminata fácil en la dirección equivocada es más agotadora y abrumadora que un trayecto de subida hacia la euforia.**

Cada decisión que tomas es importante. Por ejemplo, si fumas ahora puede que no seas capaz de donar un pulmón a tu propio hijo en el futuro. Si tienes más dinero del que necesitas mientras que otra persona no tiene lo suficiente para comprar comida, no estás cambiando la situación del mundo, estás contribuyendo a que continúe. No existen atajos a ninguna parte que valga la pena ir.

En lugar de culpar a otros por tus problemas mira en tu interior. Cualquier circunstancia (sin importar cuán devastadora parezca) no sólo es la causa de un suceso pasado, sino que en realidad es una bendición si obtenemos sabiduría de ella. La historia no tiene que repetirse a sí misma si podemos aprender de nuestros errores a la primera.

Trata a todos los seres vivos, incluyéndote a ti mismo, con amabilidad y el mundo se convertirá inmediatamente en un mejor lugar.

Si realmente deseas hacer algo,
encontrarás la manera.
Si no, encontrarás una excusa.
—E. James Rohn

La utopía

Imagina que el mundo es como un restaurante y que todos nosotros somos sus empleados; un conjunto de personas que comparten la visión de una cena perfecta (comida excelente, un servicio maravilloso y un ambiente agradable).

Cada persona tiene una responsabilidad diferente y ninguna tarea es más importante que otra. Se necesita del esfuerzo compartido de todos los involucrados para que el sueño de la utopía se convierta en realidad. Mientras que una persona cocina, otra sirve, una más lava los platos y otra limpia los baños. Cada una de ellas hace lo que puede para ayudar a que el restaurante sea un éxito.

El aspecto más importante (y el más difícil) de CUALQUIER trabajo es enfocarse en la tarea asignada y no preocuparse de saber si otro está realizando la suya.

No es nuestro papel juzgar o hacer comentarios sobre el desempeño laboral de otra persona. En el momento en que nos preocupamos de lo que alguien más está haciendo o no, fallamos en la realización de nuestra propia tarea.

No podemos controlar lo que hacen los demás. Solamente podemos ser conscientes de lo que cada uno de nosotros puede hacer de manera individual, y hacerlo bien.

Este enfoque se puede aplicar muy bien a la vida diaria. He visto a conductores de coches eléctricos enfadarse con los propietarios de vehículos utilitarios deportivos y a vegetarianos ser rotundamente hostiles con sus hermanos carnívoros. Todo está sujeto al tiempo, el lugar y la circunstancia. No todos maduramos ni experimentamos el despertar de la conciencia al mismo ritmo. Además, recuerda que lo opuesto de lo que sabes también es cierto.

Sé bueno contigo mismo, amable con los demás y ama a tu prójimo de manera incondicional (no sólo si vive de acuerdo con tus creencias).

Todos somos genios,
pero si juzgas a un pez por su habilidad de trepar árboles
vivirá toda su vida pensando que es un inútil.
—Albert Einstein

No dejes huella

Una de las prácticas en la cocina del Centro Zen es lavar los platos, secarlos y colocarlos de nuevo en su lugar (esto forma parte del entrenamiento para «no dejar huella»).

De vez en cuando algunos de los residentes dejaban sus platos en el fregadero. Pensando en que hacía «lo correcto» yo lavaba los platos y los devolvía a su lugar. Un día la cuidadora del templo me vio haciéndolo. Me fulminó con la mirada y luego me echó el sermón.

«¿Cómo vas a ayudarlos con su práctica si haces eso? —preguntó—. Deja los platos ahí para que los vean cuando regresen».

Fue interesante comprender que incluso un acto de bondad podía tener un impacto negativo y que a veces causamos más daño al tratar de ayudar, por no captar el sentido general de lo que realmente significa «ayudar».

Es por eso que escribí este *Campo de entrenamiento budista* sin recurrir a afirmaciones del tipo «deberías». No estoy aquí para decirte lo que debes hacer, sino para compartir en un lenguaje sencillo lo que he aprendido y para que, si así lo deseas, puedas llevarlo a la práctica en tu propia vida.

La intención del libro es inspirar a los lectores a ser la mejor versión posible de sí mismos, lo cual a veces implica NO lavar los platos de otras personas, a no ser que quieras que te fulminen con una mirada.

Más allá de las ideas de lo correcto y lo incorrecto existe un lugar.
¡Te veré ahí!
—Rumi

EL AMOR Y LAS RELACIONES

El amor es el reconocimiento de la belleza

Una flor no deja de ser bella sólo porque alguien pase de cerca sin notarla, así como tampoco deja de existir su fragancia si se da por sentado su aroma. La flor simplemente continúa siendo su glorioso ser: elegante, magnífico y lleno de gracia.

La madre naturaleza nos ha provisto de grandes maestros que florecen a pesar de su corta vida, estrellas que siguen brillando aun cuando nadie las mira y árboles que no se toman a pecho nuestra falta de gratitud por el oxígeno que nos brindan.

Además, también poseemos una capacidad de amar increíble e ilimitada. Sin embargo, la cuestión es: ¿Podemos hacer como hace una flor y no tener la necesidad de ser admirados, adorados o incluso notados? ¿Podemos abrir nuestros corazones completamente para dar, perdonar, celebrar y vivir nuestra vida alegremente, sin dudar y sentir la necesidad de reciprocidad?

Parece que a veces exageramos al tomarnos las cosas de manera personal y nos desanimamos al no ser valorados.

De hecho, nos sentimos devastados, nos marchitamos de dolor y luego intentamos protegernos retrayéndonos, empleando todo tipo de defensas y armaduras. Nos sentimos heridos (incluso molestos) si nuestro jefe no reconoce una proeza extraordinaria, si la persona que amamos nos retira la mano o si un amigo olvida nuestro cumpleaños. ¿Puedes imaginar a una flor irritándose por no ser elogiada o a la luna disminuyendo su brillo porque estamos tan ensimismados que casi no la notamos?

Haz un esfuerzo por brillar **sin importar las circunstancias**, por amar incondicionalmente y por ser una persona amable y bondadosa (incluso cuando nadie te mira).

Si te sientes tentado a hacerlo, abraza al siguiente árbol que veas y dile: «¡Gracias!».

Todo tiene su belleza,
pero no todos pueden verla.
—Confucio

El retrato de una relación saludable

A menudo confundimos las relaciones considerándolas como un simple compromiso entre dos personas; una dedicación mutua con un sentido de pertenencia. Este tipo de perspectiva limitada genera expectativas, posesividad, decepción y huele a obsesión, avaricia, ignorancia y deseo egoísta.

Una relación saludable es el acuerdo entre dos personas de apoyarse mutuamente en su práctica espiritual. Es la promesa de alentar el compromiso, la devoción y el camino de cada uno, un voto libre de apegos y expectativas (aunque lleno de consideración y compasión). Una relación saludable se basa en el amor incondicional, no en la necesidad de poseer. A pesar de dar todo el «corazón» no se pierde nada con dar amor.

Si cada persona se consagra por igual a inspirar, crear, despertar y enriquecer la vida de los demás, no habrá intenciones ocultas. Es mucho más importante lo que uno puede dar que recibir del otro.

Al instante, la intimidad rebasaría la ternura y la calidez para incluir además a la paciencia, la vulnerabilidad, la honestidad, el escuchar, el entendimiento, la conexión y la confianza sólida.

Existe un poder sanador inherente a este tipo de unión, capaz de promover la transformación profunda de ambas personas. Es una oportunidad increíble para llevar a la práctica lo aprendido (desde la comunicación no violenta hasta la meditación, el saber escuchar, el reflejo del otro, la autenticidad, la solución de conflictos, la honestidad radical, el saber apreciar, la intención, la igualdad, la celebración y la reciprocidad).

Una relación saludable es un tipo de colaboración: dos guerreros de la paz se apoyan mutua y espiritualmente en su camino individual para esparcir luz y positividad.

Cerremos la brecha entre nuestras creencias y nuestra forma de actuar en el mundo.

Amar no es mirarse el uno al otro;
es mirar juntos en la misma dirección.
—Antoine de Saint-Exupéry

El día de mi boda

Contraje nupcias en el Palacio de Bellas Artes de San Francisco el 9 de septiembre de 1999. Era joven, estaba enamorado y tenía la impresión de que si «sellaba el trato» cuando todo iba bien, no terminaría en un matrimonio como el de mis padres (descrito por ellos mismos como «infelices por siempre»), sino que seguiríamos siendo jóvenes, llenos de alegría, apasionados y optimistas «por el resto de nuestras vidas». ¿Mencioné que era joven y estaba enamorado?

En aquella época ninguno de los dos tenía un modelo a seguir en lo que respecta a una relación saludable, aunque teníamos suficientes razones para ser escépticos de que cualquier matrimonio pudiera durar realmente (yo era asistente jurídico en un bufete familiar de abogados cuando nos conocimos, y los índices de divorcio en California oscilaban alrededor del 75% en aquel entonces).

Decidimos no incluir la frase «hasta que la muerte nos separe» en nuestros votos. En su lugar, dijimos que permaneceríamos casados «por tanto tiempo como quisiéramos estarlo». Nuestro amor era incondicional, pero el que permaneciéramos juntos estaba condicionado a que fuésemos felices y estuviésemos dispuestos a continuar. Estábamos enamorados, sí, pero vimos el amor con mucha lógica.

Finalmente nos casamos bajo aquella hermosa cúpula y frente a trescientos amigos y familiares, en una noche increíble del 9/9/99, de la que aún tengo maravillosos recuerdos. Después de todo, el número nueve no significó «longevidad», al menos no para nosotros.

A pesar de que habíamos estado juntos por un par de años antes de casarnos, teníamos expectativas y suposiciones muy diferentes sobre lo que en verdad significaba el «matrimonio». Al final, esta diferencia de opinión nos llevó al mutuo y legal acuerdo de separarnos; un acuerdo al que llegamos durante una sesión de terapia de pareja que tuvo lugar pocos meses después del gran día. Después de la ruptura continuamos siendo amigos durante algunos años, aunque luego el universo nos llevó en direcciones completamente distintas y perdimos contacto.

Pasé años tratando de reproducir los aspectos positivos de aquella relación con otras parejas, y otros tantos más practicando el celibato mientras estudiaba psicología y religión al mismo tiempo. Quería comprender aquello que la gente cree y entender por qué creen lo que creen.

Cuando escuché cómo un anciano presentaba a su mujer como la compañera que caminaba a su lado, finalmente comprendí lo que Antoine de Saint-Exupéry quiso decir al escribir: «Amar no es mirarse el uno al otro; es mirar juntos en la misma dirección».

Era evidente que tenía que redefinir lo que la palabra «relación» significaba para mí y que dos personas podían ayudarse en realidad a seguir en el camino correcto en lugar de perder la perspectiva.

A esto le llamo una REALción.

Lo que venga, déjalo venir.
Lo que se quede, déjalo estar.
Lo que se vaya, déjalo ir.
—Papaji

Los sentimientos versus las emociones

Un día una amiga me llamó llorando porque su novio la había dejado por otra mujer. No podía comprender por qué se sentía devastada. «Quieres estar con un chico que te ame tanto como tú a él, ¿cierto?, con alguien que nunca te haría esto, ¿no es así? Es obvio que esta persona no cubre el perfil, ¿entonces por qué estás tan triste?». No tenía lógica. Al menos no para mí.

Me pareció evidente desde ese momento que mi perspectiva acerca de las emociones era muy diferente a la perspectiva de otras personas. Para mí las emociones son como los baches en un camino que, de otro modo, nos conduciría tranquilamente hacia la euforia, mientras que mis amigos se regocijan (aunque también se quejan) de los altibajos de sus montañas rusas emocionales. No soy una persona cruel, descorazonada o poco compasiva; simplemente rastreo el origen del dolor que sentimos y, si se trata de un dolor autoimpuesto (que casi siempre lo es), digo: «Si te duele al pellizcarte, ¡deja de hacerlo!».

Es verdad que mis amigos me conocen muy bien, así que cuando se acercan a mí en busca de guía, en realidad lo que esperan es este tipo de visión realista. Sin embargo, puedo entender cómo o por qué mi comentario podría parecerle brutal a un desconocido.

Se me enseñó que los sentimientos vienen y van naturalmente (como las nubes en el cielo), mientras que las emociones son sentimientos con una historia adherida. Dichas emociones pueden durar el tiempo que alimentemos la historia y ésta puede extenderse durante años. Puedo entender que la gente SIENTA tristeza, pero que la REVIVA supera mi comprensión.

El budismo nos enseña que si nos apegamos a lo transitorio (y los sentimientos son un perfecto ejemplo), entonces nuestra vida estará llena de angustia; pero si vivimos cada momento sin apego, tendremos la posibilidad de eliminar inmediatamente la causa misma del sufrimiento y podremos vivir gozosamente.

Tan pronto como empecé a estudiar las enseñanzas del Buda pensé: «¡ESTO sí que tiene sentido! ¡Es absolutamente genial!».

A pesar de tener lógica se necesitan años para entrenar a la mente a ver las cosas de esta manera (especialmente en el momento en que suceden). Todos nos sentimos a veces tristes, heridos, enojados, emocionados, ansiosos e incluso serenos, aunque el sentimiento nunca dura por mucho tiempo y eso es normal. Cuando un sentimiento pasa, otro lo reemplaza.

Es natural sentirse decepcionado cuando algo no resulta del modo en que lo esperábamos. Sin embargo, la única respuesta natural cuando esto sucede es seguir adelante. Puede que a veces parezca difícil, pero es más fácil que intentar aferrarse a lo que ya no existe.

Lo único que puedes hacer es recordarte a ti mismo que debes dejarlo ir.

Perder una ilusión
te hace más sabio que encontrar una verdad.
—Ludwig Börne

Responsabilidad sexual

Una persona hizo la siguiente pregunta en la página de Facebook de *Campo de entrenamiento budista*: «¿Cuál es la postura budista ante la homosexualidad?».

La respuesta es sencilla: El budismo tiene un precepto que concierne a la sexualidad en general; no tiene ninguna enseñanza distinta para la homosexualidad o la heterosexualidad.

El tercer precepto budista, hermosamente traducido por Thich Nhat Hanh en su libro *Vivir el budismo*, trata acerca de «cultivar la responsabilidad y aprender maneras de proteger la seguridad e integridad de los individuos, las parejas, las familias y la sociedad». Se trata de respetar el «compromiso propio y el de los demás» y de no involucrarse «en relaciones íntimas carentes de amor y faltas de compromiso a largo plazo». El precepto invita a la gente a «hacer todo lo que esté en su poder para proteger a los niños del abuso sexual y evitar que las parejas y familias se desintegren por conductas sexuales inapropiadas».

Cuando un acto sexual es una expresión de amor, lealtad, honestidad, afecto y respeto, entonces no rompe con el tercer precepto (trátese de una pareja del mismo género o no). Mientras haya amor y un acuerdo mutuo entre las dos personas involucradas no se trata de una conducta sexual inapropiada.

Desafortunadamente, como es el caso en todas las religiones y filosofías organizadas, algunas sectas discutirían este punto, aunque no creo que el Buda lo haría. La intolerancia disfrazada de oración sigue siendo intolerancia, ¡y nosotros no jugamos ese juego!

La misma respuesta fue válida cuando alguien más preguntó: «¿Podrías decirme cuáles son los puntos de vista budistas acerca de la mujer? El otro día presencié algo sumamente alarmante y quiero que mis datos sean correctos».

El budismo honra y respeta por igual a todos los seres (punto). Si eres testigo de CUALQUIER persona que haga excepciones a esta regla, tales excepciones son ilegítimas.

El Buda nos preparó ampliamente para esto al decir: «No creas todo lo que ves, lees o escuches decir a otros, sean personas de autoridad, maestros o textos religiosos. Averigua tú mismo la verdad, lo que es real. Descubre que existe lo virtuoso y lo no virtuoso. Una vez que lo descubras por ti mismo abandona el mal y adopta el bien».

Solamente recuerda: **La compasión no tiene condiciones.**

No importa a quién ames,
dónde ames, por qué ames,
cuándo ames o cómo ames.
¡Lo único que importa es que ames!
—John Lennon

El poder sanador del amor

Si tú crees que no basta con el amor trata de pasar algún tiempo sin él y verás que lo es todo. En nuestra vida existe un pozo en forma de amor que ninguna suma de dinero jamás podrá llenar.

La amistad alimenta nuestro corazón con ese amor, así como los árboles alimentan la tierra con oxígeno. Por lo tanto, los buenos amigos son como un bosque tropical de afecto.

Del mismo modo en que nadie viviría sin tener aire en los pulmones, cualquier persona que sufriera de depresión se asfixiaría sin amor en el corazón. Nunca se sabe cuándo un simple acto de bondad podría salvar, literalmente, la vida de una persona.

Haz un esfuerzo por conocer a tus vecinos, trata de conocer a tus colegas y hazte amigo de tus compañeros de clase. Un extraño es simplemente un amigo que todavía no has conocido.

Nunca subestimes el poder sanador del amor. Es tan importante para nuestra supervivencia como lo son los alimentos que ingerimos. Además, es gratuito y está disponible en cantidades ilimitadas.

El amor es la medicina más fuerte.

El amor es la única fuerza capaz de
transformar a un enemigo en un amigo.
–Martin Luther King Jr.

Una pequeña charla puede hacer una gran diferencia

Carol vivía en el mismo pueblo que sus dos hijos (ahora mayores de veinte años), pero en realidad a ella no le gustaba vivir ahí. Aunque deseaba mudarse más cerca de sus amigos en California, le preocupaba que sus hijos se sintieran abandonados si ella se marchaba.

Sus dos hijos sabían que su madre se sentía infeliz, de modo que en realidad deseaban que se mudara. Sin embargo, temían que se sintiera rechazada si la animaban a marcharse, así que nunca dijeron nada.

Después de haber escuchado todas las partes de la historia durante meses, finalmente sugerí que nos juntáramos todos para tener una conversación mediada y constructiva, algo que nunca antes habían tenido.

En tan sólo treinta minutos Carol confesó lo culpable que se sentía por haber dejado a los niños con su padre cuando eran pequeños. Explicó por qué había sido importante para ella alejarse de aquella relación abusiva en el momento en que lo hizo y dijo que ésa era la razón por la cual incluso ahora se mostraba renuente a marcharse. Pensaba que ya había sido suficiente con haberlos abandonado una vez.

La hija empezó a llorar, reiterándole a su madre que nunca la había culpado por dejar a su padre. Había sido testigo directo del abuso y pensaba que su madre había hecho lo correcto al marcharse.

Cuando el hijo habló, confesó que siempre se había culpado a sí mismo por el divorcio de sus padres. No sabía que en realidad era muy común que el hijo menor de cualquier matrimonio que se hubiese separado se sintiera de esta manera.

Haber escuchado la historia de su madre le dio una perspectiva completamente nueva de su propia vida y sus relaciones personales.

Al final, ambos hijos brindaron su apoyo a Carol con respecto a su decisión de mudarse a California. Hoy en día el hijo se desempeña como portavoz en contra del abuso conyugal y a favor de la importancia del respeto a la mujer.

Todos tenemos miedos, ansiedades, penas y remordimientos en el corazón. No obstante, rara vez compartimos estos detalles privados con las personas a las que amamos. Si nos comprometemos realmente a madurar como individuos y comunidad debemos empezar a ser vulnerables los unos con los otros. Si piensas que es hora de tener una verdadera charla con tu familia, entonces empieza por fijar las reglas de base para hacer de ésta un espacio seguro en el que todos puedan compartir sin ser interrumpidos, juzgados o culpados.

En el contexto de la comunicación no violenta no existen culpables ni tampoco las afirmaciones del tipo «deberías».

Podrían incluso tener un mediador presente para ayudar a mantener la conversación centrada y en calma.

Sean amables y nunca invaliden lo que el otro alberga en su corazón. Escuchen con empatía y hablen con compasión. Una comunicación saludable puede abrir muchas puertas y disipar suposiciones que ni siquiera sabíamos que teníamos.

Disculparse no siempre significa que uno esté mal
y el otro bien. Simplemente significa que
valoras la relación más que a tu ego.
—Anónimo

RELIGIÓN/ESPIRITUALIDAD

Una definición simple de Dios

¿Cómo podemos estar seguros de que lo que no vemos realmente existe?

Mira una imagen de comida, por ejemplo. El sabor, la textura y el aroma no están en la fotografía, aunque sabemos que existen.

Nuestros ojos detectan solamente tres dimensiones (del mismo modo en que una cámara captura únicamente dos). Lo que sea que crea la vida, debe existir en una dimensión que simplemente no podemos ver. La energía que nos mantiene vivos es sumamente misteriosa y rebasa nuestros cinco sentidos. A pesar de ser algo fuera de nuestro control confiamos en que nos despertará a la mañana siguiente.

Lo admitamos o no, lo que tenemos es fe. Tenemos una fe enorme en que esta energía invisible mantendrá a la Tierra girando, al pasto creciendo y a nuestros corazones latiendo dentro de cinco minutos. Esto no es algo que sabemos; confiamos en ello.

Algunas personas se refieren a esta fuerza vital como «Dios», mientras que otras la llaman «Universo», «Vacío», «Madre Naturaleza» o «Padre Tiempo». El nombre que le des no tiene tanta importancia como tu manera de apreciarlo.

No hace falta «salir» a buscar a Dios. Es en nuestro corazón donde debemos encontrarlo.

Creo en Dios,
sólo que lo deletreo Naturaleza.
–Frank Lloyd Wright

La divinidad interior

Cuando invitamos a amigos a cenar tratamos de cocinar algo especial y de asegurarnos que la casa esté limpia y ordenada. Servimos la cena en la mesa del comedor, con música de fondo e incluso puede que encendamos algunas velas para crear una atmósfera relajada. Internamente sentimos el deseo de asegurar que la experiencia de alguien más en nuestro hogar sea placentera, reconfortante y disfrutable. La pregunta es: ¿Por qué tan pocas veces nos tratamos a nosotros mismos con la misma dignidad y respeto con que tratamos a los demás?

La siguiente vez que prepares una comida para ti, en lugar de comer de pie junto al refrigerador o de paso por el fregadero, siéntate unos minutos. Apaga la estrepitosa televisión de fondo, desocupa la mesa del comedor y acepta el hecho de que mereces el mismo ambiente que ofreces a tus invitados.

Así como decimos «namasté» para comunicar que la divinidad que habita en nosotros respeta a la divinidad del otro, rinde un homenaje a tu dios interior y celebra tu majestuosidad cada día.

Tú, tanto como cualquier persona
en el universo entero,
merece tu amor y afecto.
—El Buda

El peligro de los textos sagrados

Cualquier escritura religiosa documenta la experiencia de otra persona acerca de Dios. Por inspirador que sea el texto no es lo mismo leerlo que experimentar la divinidad de primera mano.

Consideremos las novelas románticas como ejemplo. Éstas realizan una excelente labor al describir el amor tal como lo percibe otra persona, aunque leerlas o ver películas es una experiencia muy diferente a enamorarse en la realidad.

Así como el encuentro de cada persona con el amor es diferente, también lo es la experiencia de cada uno con lo divino, es decir su relación personal con Dios.

El entendimiento profundo es algo que llega a distintas personas en diferentes edades y de múltiples formas. Sobre tu altar puede que tengas imágenes de Jesús, Buda, Gandhi, la Madre Teresa de Calcuta, el Dalai Lama, Martin Luther King Jr. y de Tyler Durden (de la película *El club de la pelea*) al mismo tiempo, pues no se contradicen las unas con las otras. De hecho, como Desmond Tutu y Karen Armstrong nos lo recuerdan constantemente, los líderes religiosos del mundo no están en guerra el uno con el otro. Tal como indica la «Carta por la Compasión», el principio de la compasión permanece en el corazón de todas las tradiciones religiosas, éticas y espirituales, y siempre nos pide tratar a los demás como nos gustaría ser tratados.

No limites tus experiencias a aquello que hayas leído en un libro. De hacerlo podrías ignorar algún encuentro con Dios al toparte con un extraño en el autobús. La divinidad está en todos, incluyéndote.

Los textos sagrados pueden ser inspiradores, aunque también peligrosos si se les confunde con la realidad. Admira la enseñanza, no al maestro.

No te contentes con leer sobre la generosidad, SÉ generoso. No sólo hables de la paciencia, la compasión y el amor incondicional. ¡Incorpóralos a tu vida cotidiana!

Tus creencias no te hacen una mejor persona,
tu comportamiento sí.
—Anónimo

¿La oración, la meditación o ambas?

La meditación es un método para entrenar a la mente a permanecer en calma pese al constante flujo de condiciones externas. La oración es una forma de expresar nuestro aprecio profundo a Dios, a la Madre Naturaleza o al Universo entero por el regalo de la vida.

Una verdadera oración es aquella en la que se expresa gratitud por las bendiciones en nuestra vida, NO una oportunidad para ser ambicioso y pedir más. Tenemos todo lo que necesitamos para ser felices. Incluso decir «Dios, dame fortaleza por favor», implica que aún no la tenemos (cuando en realidad sí). Simplemente di: «Gracias por la fortaleza» y tendrás la facultad de acceder a su ilimitada provisión.

Al estar agradecidos por lo que tenemos creamos la energía para traer más de lo mismo. Evita centrarte en lo que NO tienes, puesto que la energía fluye hacia donde la atención se dirige (es decir que simplemente terminarás con más de lo que no quieres). Medita para mantener tu mente enfocada en la dirección correcta. Te harás más consciente de las cosas por las que puedes agradecer en tus oraciones. ¿Ves la hermosa relación entre ambas prácticas?

Una pregunta común es: «¿Qué hay de malo en rezar por la paz mundial?». El problema radica en la idea de que es responsabilidad de alguien más hacer que la paz suceda. La paz comienza CONTIGO. Si te preguntas si la paz del mundo está cerca mira en tu interior.

La oración y la meditación son ambas maravillosas. De hecho, recitar una oración es una práctica de meditación común. Toma la oración de San Francisco de Asís como ejemplo, tal como yo la entiendo:

Donde haya odio interior,
entrena a tu mente para sembrar amor;
donde haya ofensa, perdón;
donde haya duda, fe;
donde haya desaliento, esperanza;
donde haya sombra, luz;
y donde haya tristeza, alegría.

Que no busque yo tanto ser consolado como consolar;
ser comprendido como comprender;
ser amado como amar.
Porque es dando como se recibe,
perdonando como se es perdonado
y olvidándonos del concepto de un «ser» individual
como se nace a la vida eterna.

Si la única oración que dices
en toda tu vida es «gracias»
será suficiente.
—Johannes Eckhart

Predicar con el ejemplo

Jesús era virtuoso, tenía una inmensa fe en la capacidad del amor para sanar. Además, creía en la paz y la hermandad (al igual que Martin Luther King Jr., Mahatma Gandhi y John Lennon, que fueron todos asesinados por tratar de disipar nuestros miedos al proclamar la capacidad restaurativa del perdón, la compasión, la paciencia y la unidad).

Cometemos el error de venerar a los maestros en lugar de las enseñanzas. Los idolatramos por haber sido más que simples seres humanos y construimos historias hermosas sobre sus vidas, aunque irracionalmente exageradas. En sí mismo, esto no representaría un problema si el significado de su ejemplo no se perdiera en el proceso.

La mejor manera de expresar nuestra fe es vivir como ellos lo hicieron. Ama a tus vecinos (incluyendo a todos los individuos de las esferas sociales, no sólo a aquellos que hablan el mismo idioma o que tienen el mismo color de piel). Sé amable con todos, da, perdona, libérate de la avaricia, el odio y la ignorancia, sé apasionado, compasivo y confía en que la Diosa o el Dios sabe lo que hace (y que no hay nada que Dios no sea o pueda ser).

El nombre que le des a Dios no tiene tanta importancia como tu manera de apreciarlo.

Sintamos gratitud por las enseñanzas. Depositemos nuestra confianza en el desarrollo de las cosas y evitemos los extremos. Vivimos en un mundo increíblemente hermoso, con mucho por lo cual estar agradecidos.

No es necesario esperar hasta el 31 de diciembre para fijarnos propósitos, ni tampoco es necesario estar en la iglesia para rezar. Simplemente expresa tu aprecio por la vida misma amando a Dios, amándote a ti y a los demás.

Haz que sea ÉSTE tu propósito y nunca conocerás el miedo.

Cada día nace un yo nuevo. ¿Cuáles son tus propósitos para este Yo Nuevo?

Estrictamente hablando
no existe gente iluminada;
solamente hay actividad iluminada.
—Shunryu Suzuki

El karma

Un día alguien trató de explicar las leyes del karma (las leyes de causa y efecto) utilizando una metáfora. Nos pidieron que imagináramos una figura en el cielo que no sólo observaba todo lo que hacíamos, sino que nos premiaba con bendiciones por nuestras buenas acciones y nos castigaba con mala suerte por cada acto dañino.

A pesar de que las intenciones de la metáfora eran sinceras, **el karma no es un juicio; es una consecuencia.** NOSOTROS somos los responsables.

Por ejemplo, si hoy robas algo a alguien debe ser porque no comprendes verdaderamente el dolor de que te roben algo (si en verdad lo hicieras no robarías). En esencia, lo único que haces es echar a andar un ciclo donde alguien algún día te robará algo, para que puedas entender lo que se siente.

Esto sucederá una y otra vez (durante múltiples vidas) hasta que finalmente comprendas y hagas el juramento de no volver a robar jamás. Si reflexionas puedes verlo como una recompensa maravillosa, porque se te ha dado la oportunidad de aprender algo nuevo. Por consiguiente, es una buena práctica considerar a toda persona nueva que conozcamos como un maestro.

El budismo no sólo honra el camino de cada persona sino que además respeta el estado de evolución de cada individuo. Es por eso que no tenemos una lista de mandamientos sino una invitación sutil a estar más atentos y conscientes.

Si deseas familiarizarte más con los preceptos del budismo te sugiero leer la joya literaria de Thich Nhat Hanh, *Vivir el budismo*.

¿Qué lección aprendiste en el pasado que aún no has prometido no volver a hacer a los demás (ni a ti mismo)?

¿Puedes empezar hoy?

> *Como la gente te trate es karma suyo;*
> *como reacciones es karma tuyo.*
> *—Wayne Dyer*

El mensaje, no el mensajero

Recuerdo la primera vez que oí hablar al Dalai Lama. Hablaba sobre el autocontrol, la determinación y la libertad de vivir sin ira. Eso sucedió justamente dos años después de que me había tatuado esas mismas palabras en el pecho.

A pesar de que nunca tuve un nombre para denominar lo que inicialmente pensé que se trataba de mi propia colección de filosofías y creencias, me di cuenta de que no estaba solo. ¿Le llamo budismo o compasión? ¿Existe alguna diferencia?

«La bondad es mi religión», dijo el Dalai Lama y todavía pienso que esa etiqueta es tan buena como cualquier otra.

Estaba obsesionado con Thich Nhat Hanh, Jack Kornfield y Dan Millman. Sin embargo, cada vez que hablaba con mis maestros y hacía algún comentario como: «¡Adoro a Neale Donald Walsch y a Pema Chödrön! ¿A poco no son geniales?», ellos simplemente me miraban con una dulce sonrisa y me decían: «Ten cuidado con eso».

Sabía a lo que se referían: céntrate en la enseñanza, no en el maestro.

Hoy en día, con Facebook como una herramienta y plataforma de comunicación fantástica, todos somos estudiantes, maestros y existen numerosos mensajeros. Sin embargo el mensaje siempre es el mismo: es el AMOR.

La mejor forma de honrar verdaderamente a nuestros maestros es hacer como ellos y difundir el amor.

Tomemos *Campo de entrenamiento budista* por ejemplo. Yo no enseño nada, comparto. Lo único que hago es contarte lo que he vivido y tal vez esto te pueda aportar alguna cosa. Los capítulos de este libro y los mensajes que publico en Facebook son notas de un diario que he decido compartir con el mundo. Cuando nos identificamos con las historias de otras personas nos damos cuenta de que no estamos solos y de que nos parecemos más de lo que quisiéramos admitirlo. Éste es un paso importante para romper la ilusión del individualismo y acercarnos más los unos a los otros.

El Buda no fue un dios. Nunca pretendió ser un dios, el hijo de Dios ni un mensajero de Dios. Se trataba de un hombre que obtuvo una visión clara del mundo únicamente a través del esfuerzo humano y si él fue capaz de hacerlo en aquel entonces, ¡nosotros podemos hacerlo ahora!

Uno no se «convierte» en iluminado. ¡Es algo que se hace continuamente! El diccionario define la expresión como tener o mostrar una visión racional, moderna y bien informada. El estar iluminado se determina por tu comportamiento, no por tus creencias. Sal a la calle y practica ser la mejor versión que existe de ti.

> *No todos los que deambulan están perdidos.*
> *–J.R.R. Tolkien*

El budismo como un limpiaparabrisas

El budismo es malinterpretado con frecuencia. Recuerdo cuando mi propio padre me dijo que pensaba que venerábamos la figura «del barrigón» que está acostumbrado a ver en los restaurantes chinos.

«Buda» significa, literalmente, «el que ha despertado». Además, existen múltiples budas, no sólo uno. Muchos sabios han despertado de la ilusión de la división; algo que todos somos capaces de hacer. Es por esta razón que tú también eres un buda (simplemente estamos dormidos, tratando de despertar).

La gente de la India tiene su propia representación del Buda, al igual que los tailandeses, japoneses y, por supuesto, los chinos, cuyo Buda frecuentemente se ve en los restaurantes rodeado de niños corriendo a su alrededor. En cada caso, se trata simplemente de una representación cultural de la felicidad absoluta, de la forma en la que ellos la entienden, nada más.

Lo que realmente me gusta del budismo es que el Buda era un hombre común, sin una actitud de sacrosanto que no podamos igualar. Él era simplemente como tú y como yo. No era un dios (aunque algunas sectas se refieren a él como el «Señor Buda»). No tenía nada de especial sino hasta ese momento en que se le prendió el foco. Una vez que el Buda comprendió cómo estaba interconectado el universo, casi todo el mundo lo tomó por un loco (algunos todavía lo piensan). Sin embargo, algunas personas se dieron cuenta de que algo había descubierto —una cosa maravillosa— y sus enseñanzas se empezaron a difundir a los países vecinos (aún hoy continúan haciéndolo).

Como sucede con toda idea una vez que se comparte, existen muchas variaciones diferentes (sectas) del budismo y algunas se contradicen entre ellas. ¿Se acuerdan del juego del teléfono descompuesto? ¡Es el mismo concepto!

Sin embargo, *Campo de entrenamiento budista* no es sectario y es fiel a los principios originales, tal como eran antes de haberse impregnado de la cultura circundante. La visión de diferentes maestros me ha influido de manera inevitable, aunque hago mi mejor esfuerzo.

¿El budismo es una religión? Eso depende de cómo definas «religión». En el budismo no existe una teoría teocrática (en el sentido de un dios creador) y cualquier referencia que se hace de Dios es con respecto a la divinidad interior de cada uno (incluyendo a todos los seres sensibles). Por lo tanto, si se trata de una religión no es como ninguna otra.

Yo pienso en el budismo como una filosofía o una escuela de pensamiento. Por ejemplo, puedes ser cristiano o judío y todavía encontrar útiles e inspiradoras las enseñanzas del Buda.

La manera más breve en que lo puedo resumir es que el Buda nos enseñó que nosotros causamos nuestro propio sufrimiento cuando nos apegamos a las cosas transitorias. Nos aferramos a las personas, a la salud y a la juventud, a pesar de saber intelectualmente que nada es eterno. Es por eso que el concepto de «dejar ir» es tan fundamental para el budismo. Reconoce todo lo que pasa como una nube en el cielo. Algunas son hermosas, acojinadas y nos hacen sonreír. Otras son negras y frías. No obstante, todas son pasajeras.

Existe belleza en la transitoriedad, pero solamente se puede experimentar sin apego cuando disfrutamos cada momento sabiendo que pasará y dará lugar a uno nuevo. Sólo entonces podremos celebrar en verdad cada aliento en lugar de sentirnos tristes por el pasado o por lo que nunca volverá a ser. Como Tyler Durden dijo en la película *El Club de la pelea* sin mucha delicadeza: «Saber. No temer. Saber que algún día vas a morir». Hasta donde sé, esta distinción es la clave de la felicidad. Puedes elegir ser feliz o puedes elegir tener miedo; sin embargo, la elección es siempre tuya.

No existe ningún mandamiento que podamos adoptar ni reglas a seguir que harían de ti un «mal budista» si las rompieses. Asimismo, no todos los budistas son vegetarianos. El Buda mismo supuestamente murió por comer un trozo de carne de puerco echado a perder. No existe nadie que te envíe al infierno por tus acciones, aunque sí existen consecuencias naturales para cada acción (causa y efecto... karma).

Es necesario entender con compasión que todos están en su propio camino y, más aun, hay que honrar el estado de evolución en el que se halla cada individuo en todo momento. Sin miedo, odio, intolerancia o rencor, sólo con entendimiento profundo, empatía, amor y respeto por cada uno de los seres.

Todos nacemos con la capacidad de ver el mundo claramente, sin juicios, y de asombrarnos ante su belleza y sus maravillas. Sin embargo, después de años de estar rodeados por el ego, la avaricia, el miedo y el egoísmo, nuestra visión se nubla impidiéndonos ver que todos somos iguales pese a nuestras diferencias.

Cuando pienses en el budismo piensa en él como un limpiaparabrisas, que está ahí para limpiar toda la suciedad que ha ennegrecido tu visión, y entre más leas (entre más utilices ese limpiaparabrisas) más momentos de claridad tendrás y más feliz serás. ¡Te lo prometo!

Una práctica espiritual no hace tu vida más longeva, la hace más profunda.

Yo soy tu hermano, lo sepas o no; y te amo, estés de acuerdo conmigo o no.

La humildad no significa pensar menos de ti mismo;
significa pensar menos en ti mismo.
–C.S. Lewis

Enseñar a los niños a pensar, no qué pensar

De niño, era obligatorio el estudio de la Biblia en la escuela a la que asistía. Sin embargo, cuando tenía ocho años, recuerdo que un día regresé a casa y les dije a mis padres que no creía que todo lo que estaba en ese libro realmente hubiera sucedido.

Por fortuna fue ahí cuando mi padre me dio la llave para pensar por mí mismo. Me dijo: «Hijo, no tienes que creer todo lo que lees. Simplemente piensa en la Biblia como el libro de *Blancanieves* o *La Cenicienta* ¿de acuerdo?».

Aliviado por esta libertad de elección, le dije: «Bueno, en ese caso, es un gran libro con historias y lecciones maravillosas. ¡Me gusta!».

Continué leyendo el Antiguo Testamento hasta que me mudé a los Estados Unidos, donde aprendí sobre muchas otras religiones, las cuales empecé a estudiar con el mismo entusiasmo.

Cuando descubrí la siguiente frase del Buda recordé lo que mi padre me había dicho cuando niño:

«No creas todo lo que ves, lees o escuches decir a otros, sean personas de autoridad, maestros o textos religiosos... Averigua tú mismo la verdad, lo que es real y descubrirás que existe lo virtuoso y lo no virtuoso. Una vez que lo descubras por ti mismo abandona el mal y adopta el bien».

Existe una diferencia entre lo que intuitivamente sabemos que es verdadero y lo que otros nos han dicho que hay que aceptar como verdad.

¡Te invito a que nunca dejes de contemplar esa diferencia!

No soy lo que me sucedió.
Soy lo que elegí ser.
–Carl Jung

El mundo entero es tu maestro

Mis padres se desentendieron de mí cuando tenía dieciocho años porque no aprobaban a la persona de la cual me había enamorado involuntariamente. Recuerdo cómo temblaba por las obscenidades que iban y venían, volando a través de la habitación, y cómo finalmente me gritaron: «¡Para nosotros estás muerto!». Durante tres años lo estuve.

En realidad estuvo bien no tenerlos en mi vida durante algún tiempo, aunque no me agradaba nada que las palabras «te odio» pudieran ser, quizá, las últimas que le escuchara decir a mi padre. Entonces, después de todos esos años, me presenté un día en su trabajo sin anunciarme. Él dejó todo lo que estaba haciendo para abrazarme y disculparse. «Lo único que quiero es que regreses a mi vida», dijo, y empezamos desde cero en ese mismo instante, no necesariamente como padre e hijo sino como amigos.

Mi madre es otra historia. Tuvimos algunos buenos momentos en el pasado pero ella todavía se aferra a los rencores y resentimientos de su infancia. Por lo tanto podrás imaginar que para ella algo tan «reciente» como hace diecisiete años sigue estando todavía fresco en la memoria.

Curiosamente, estoy muy agradecido por mis dos padres. En tanto que mi padre continúa mostrándome lo que significa el dejar ir, la conducta de mi madre me ha enseñado lecciones igualmente valiosas sobre cómo NO ser. Es triste en realidad y espero que empiece a perdonar a la gente que cree que le ha hecho daño en el pasado y que un día se decida a perdonarme a mí también. El resentimiento es un veneno para la salud y me duele que sufra tanto.

No te apresures a cerrar la puerta a las personas con las que has tenido alguna discusión en el pasado. Las discrepancias no son conflictos a menos de que el ego y el orgullo se involucren; además, la gente eventualmente las supera. A veces las personas simplemente necesitan saber que por tu parte las has perdonado y que no habrá problema si se acercan a ti.

Es verdad que nos sentimos reconfortados al estar rodeados de personas que piensan como nosotros. Sin embargo, aquéllas que no están de acuerdo con nosotros nos brindan una oportunidad excepcional de crecer y madurar. Esto me ha enseñado que debo valorar al mundo entero como mi maestro.

La vida se vuelve más fácil
cuando aprendes a aceptar
una disculpa que nunca recibiste.
—Robert Brault

Un pseudoproblema con la regla de oro

La idea que se oculta detrás de la regla de oro es genial (tratar a los demás como nos gustaría ser tratados). ¡Sin embargo, hoy en día ni siquiera nosotros mismos nos tratamos muy bien! A sabiendas consumimos productos que son malos para nosotros, continuamos trabajando en los empleos que odiamos y el tiempo que dedicamos a relajarnos no es ni la mitad del tiempo que pasamos estresándonos.

Si lo reflexionas, ESTAMOS tratando a los demás como nos tratamos a nosotros mismos: ¡pésimamente! Alimentamos a nuestros hijos con comida chatarra. Incluso cuando algo es importante elegimos lo barato por encima de la calidad. Rara vez le brindamos total atención a alguien y exigimos mucho más de los otros de lo que es razonable o, incluso, posible.

Intentemos algo nuevo: tratemos a cada persona como si acabásemos de enterarnos que está a punto de morir. ¿Por qué? Porque tal parece que ese es el ÚNICO momento en el que nos detenemos lo suficiente para ver la vida desde una nueva perspectiva, o bien, cuando nosotros mismos tenemos una experiencia cercana a la muerte. Sé gentil, paciente, amable y comprensivo.

Todos vamos hacia la misma dirección. ¡Empecemos a tratarnos mejor los unos a los otros en el camino!

> *Quiero que te preocupes por tu vecino.*
> *¿Conoces a tu vecino?*
> *—Madre Teresa de Calcuta*

EL ENTENDIMIENTO

Lo opuesto de lo que sabes también es cierto

No estás obligado a estar de acuerdo con lo que elijan libremente los demás. Simplemente aprende a vivir con ello en paz. Esto incluye (aunque no se limita a) puntos de vista políticos, creencias religiosas, restricciones alimenticias, asuntos del corazón, elecciones de carrera y aflicciones mentales.

Nuestras opiniones y creencias tienden a cambiar según el tiempo, el lugar y la circunstancia. Debido a que todos experimentamos la vida de forma diferente existen múltiples teorías de lo que es mejor, lo que es moral, lo que es bueno y lo que es malo.

Es importante recordar que la perspectiva de otras personas acerca de la realidad es tan válida como la tuya. Es por eso que el primer principio de *Campo de entrenamiento budista* es que lo opuesto de lo que sabes también es cierto.

No importa cuán seguros estemos de la versión que tenemos de la verdad, debemos aceptar con humildad la posibilidad de que cualquiera que crea lo contrario también puede que tenga razón (según su tiempo, lugar y circunstancia). Ésta es la clave para el perdón, la paciencia y el entendimiento.

Ahora bien, la tolerancia NO significa aceptar lo que es dañino. Con frecuencia, la lección que tenemos que aprender es cuándo decir que «no», el momento justo para darse la media vuelta y cuándo desligarnos de la causa que origina la angustia. Después de todo, nosotros somos los que creamos el ambiente en el que vivimos.

En el transcurso de los años y durante el tiempo que viví con diferentes familias anfitrionas alrededor del mundo, noté que las definiciones que la gente tiene de palabras cotidianas como «limpio» y «cómodo» eran a menudo muy diferentes de las mías. Lo opuesto de lo que yo consideraba cierto demostró ser igualmente cierto para otros, lo cual fue muy aleccionador.

Si dos personas pueden tener definiciones tan diferentes de lo que una «distancia corta» significa, imagina palabras mayores como «bueno», «malo», «Dios» y «amor».

Lo que la oruga interpreta como el fin del mundo
es lo que el maestro denomina mariposa.
—Richard Bach

Reescribir las historias que nos contamos

Hace algunos años visité el santuario de mis maestros en la Big Island de Hawai durante un retiro de una semana. Me sentí humilde al poder estar en la presencia de tanta grandeza y tener la oportunidad de preguntar sobre el significado de la vida, la práctica espiritual y la ordenación monástica.

Cuando mi amiga y yo llegamos a la granja orgánica de los maestros y nos instalamos en la yurta que habían preparado como dormitorio para nosotros, inmediatamente me sentí invadido por dos reacciones completamente opuestas hacia el lugar. Por un lado pensé que se trataba del hogar más hermoso y pacífico que jamás había visto (era recóndito, callado y estaba rodeado de dos estanques, uno con carpas y otro con flores de loto, además de estatuas de budas, banderas tibetanas y exóticos árboles frutales que bordeaban la propiedad y se hallaban junto a un bosque de bambú impresionante, con vistas al mar y a la isla vecina de Maui). Por otro lado, yo no era un chico de acampar. Por irracional que pueda sonar tenía un miedo terrible a los insectos y me sentía extremadamente incómodo de compartir un espacio con ellos.

Sé que es una tontería, pero crecí en hogares de concreto a los que frecuentemente fumigaban para trazar una clara línea divisoria entre el salvaje mundo natural del exterior y el ambiente interior libre de insectos destinado para uso humano. Sin embargo, en la granja esta separación no era evidente e incluso era casi inexistente, por lo que en lugar de sentirme en calma y sereno en el santuario, solía acurrucarme en postura fetal y constantemente sentía como si algo se me estuviera trepando.

Mi amiga sugirió que hablara con nuestros anfitriones acerca de mi ansiedad, pero me pareció una locura. «Heme aquí –dije– con la oportunidad de aprovechar su profunda sabiduría, obtenida a través de años de estudio con gurús de todo el mundo y retiros de silencio en las cuevas de la India, ¡¿y quieres que les pregunte acerca de mi miedo por los insectos?!».

Agité la cabeza y dije: «De ninguna manera, es demasiado vergonzoso».

Justo en ese momento, nuestros anfitriones entraron a la yurta. Traían una sopa de guisantes, verduras y quinoa, y cenaron con nosotros a un lado del altar.

Al oír su consejo espiritual sentí como si estuviéramos sentados alrededor de una fogata en tiempos bíblicos, escuchando la palabra de Dios de boca de los sabios. ¡Fue majestuoso!

«¿No tenías algo que preguntarles?», dijo repentinamente mi amiga en voz alta. Hubiera querido desaparecer como por arte de magia para evitar la subsecuente conversación, pero no supe a dónde ir y mi capa de invisibilidad no funcionaba. ☺

«¿Cómo le hacen ustedes? –pregunté–. Había una araña del tamaño de un escorpión en el baño. Hay grillos y ciempiés por doquier, ranas, abejas, ¡y quién sabe qué más esté reptando al lado de esta bendita tienda! Aunque me siento extremadamente agradecido de que nos hayan invitado, no creo que me pueda quedar aquí. ¡Tengo que irme!».

Con unas cuantas, aunque cuidadosamente seleccionadas palabras de sabiduría, los maestros hábilmente me invitaron a reescribir la historia en mi cabeza acerca de los insectos.

Ajustaron mi percepción para poder comprender mejor que posiblemente ellos no estaban invadiendo «mi» espacio, sino que tal vez yo estaba invadiendo el de ellos. «¿Quién estaba aquí primero?», me preguntaron e inmediatamente me di cuenta de que tenían razón. La araña medía una céntima parte de mi tamaño y posiblemente estaba más aterrorizada de mí que de cualquier otra cosa. Los maestros sugirieron que si intentaba dar un nombre a cada insecto tan pronto como lo viera (Ricardo el ciempiés o Maya la abeja) daría un giro a mi conciencia para aceptar a cada animal como ALGUIEN, no como ALGO.

Después de estar una semana en la granja, con más oportunidades para practicar esta nueva perspectiva de lo que me gustaría admitir, me di cuenta de que mi miedo era simplemente una conducta aprendida, por haber visto a mi madre reaccionar a los insectos cuando era niño.

Tan pronto como encontré la «página» en mi mente donde escribí que los insectos eran malos, fui capaz de borrarla y escribir algo nuevo en su lugar: «Todos los seres sensibles son iguales».

Todavía no me parecen adorables los insectos, y tampoco tengo una tarántula o algo similar como mascota. Sin embargo, después de un año o más, mientras visitaba a mis padres en el estéril ambiente que tienen por hogar, noté que una pequeña araña había logrado introducirse en la casa y subirse a mi mano mientras conversaba con mi padre. Sin percatarme siquiera de lo que hacía dejé que la araña llegara hasta mi otra mano y dije: «Eh, pequeñuela... ¿estás perdida?».

Tranquilamente la llevé afuera, donde saltó de mi brazo y cayó al pasto. Sospecho que tal vez pasó los siguientes treinta minutos limpiándose a sí misma, debido a que un «asqueroso humano» la había tocado.

Cuando volví a sentarme para seguir la conversación con mi padre, éste me devolvió la mirada y se me quedó viendo en completo asombro.

¿No es formidable saber que sólo porque siempre hemos sido de determinada manera no significa que tengamos que seguir siendo así para siempre?

Nuestras creencias no son más que historias en nuestra mente que nosotros mismos escribimos hace mucho tiempo. Al saberlo, ¿no te sientes con la motivación de reescribir las historias que ya no te sirven?

Realiza un escaneo a tu mente en busca de virus llamados miedos, ansiedades, juicios, dudas, odio y desesperanza y deja una pequeña nota al lado de ellos que diga: «Obsoleto; sin mayor validez».

He aprendido tanto de mis errores
que creo que saldré y cometeré más.
—Anónimo

La verdad de un hombre es la blasfemia de otro

Yo solía pensar en Dios, la Biblia, la religión, Jesús y la Iglesia como una sola cosa. Cuando empecé a cuestionar la validez de la Iglesia o de la Biblia empecé a dudar de la existencia de Dios y eso simplemente es una tontería. No tienen nada que ver uno con el otro.

Es posible (y no supone ningún problema) creer en Dios pero no en la Biblia; ser religioso pero nunca ir a la iglesia, incluso odiar rotundamente la iglesia y la religión y todavía amar a Dios. ¿Por qué? ¡Porque no tienen nada que ver uno con el otro! Una de las ideas más equivocadas es que tenemos que creer en todo o en nada, razón por la cual muchas personas eligen la segunda opción (ciertamente es más sencillo y más atractivo que quedarse atrapado en el confuso dogma).

Este concepto es difícil de expresar. Por favor ténganme paciencia y absténganse de elegir lo que las palabras simplemente hacen imposible de explicar. De cualquier modo, lo intentaré.

Tal como lo entiendo ahora, «Dios» no es un creador ni tampoco es el responsable de la existencia de las cosas (no sabemos qué lo es). Más bien, es la energía invisible que hace que nuestros corazones sigan latiendo y nuestros pulmones funcionando. Es algo totalmente fuera de nuestro control, no obstante confiamos en que nos despertará cada mañana. Lo admitamos o no, tenemos una fe enorme en que esta energía mantendrá a la Tierra girando dentro de cinco minutos. No lo sabemos; confiamos en ello. Tenemos fe en «Dios», pero esa fe no tiene nada que ver con la religión, la Biblia y menos aún con la iglesia. Además, el nombre que le des no tiene tanta importancia como tu manera de apreciarlo.

El budismo difiere de otras religiones en que no existe «un creador o una figura de Dios» y tampoco una teoría de la creación del universo. Si preguntas a cualquier budista cómo surgió el mundo simplemente te responderá: «No lo sé». ¡No te queda más que adorar este tipo de honestidad!

La Biblia es una historia que retrata la experiencia de alguien más acerca de Dios (de la energía invisible descrita anteriormente). De forma más precisa, la Biblia es la historia de la explicación de lo que otras personas entendieron que alguien más creyó hace muchos años, antes de que la historia fuera traducida, transliterada, editada, replicada y transformada por más de 2000 años de múltiples revisiones.

La religión es lo que sucede cuando alguien toma el concepto de Dios como se describe en las escrituras (como creador) y orquesta una historia acerca de por qué estamos aquí y con qué propósito.

¿Y con respecto a la Iglesia? Bueno, eso es un negocio. Como cualquier negocio, su negocio es permanecer en el negocio. Es fácil rechazar a la Iglesia en su totalidad porque uno pensaría que debería existir algo de congruencia en lo que enseñan, pero no la existe.

Muchas iglesias realizan cosas increíbles, sorprendentes y maravillosas para ayudar a gente de todas las esferas sociales. Sin embargo, algunas iglesias todavía predican el odio y la acción de juzgar, de modo que naturalmente se ha vuelto más fácil alejarse de todo lo relacionado a la iglesia que tratar de darle sentido. Realmente lo siento por las iglesias que hacen el bien en el mundo, porque las demás ponen a prueba su validez. Es por eso que aliento a las personas a hacer el bien sin afiliación alguna, simplemente por hacer el bien.

Con respecto a Jesús... ¡Amo al hermano! Ya lo he dicho antes y volveré a repetirlo: él era un virtuoso, tenía una inmensa fe en la capacidad del amor para sanar. Además, creía en la paz, la hermandad y el entendimiento. Haya existido o no, en realidad eso no importa. Cometemos el error de venerar a los maestros en lugar de las enseñanzas; los idolatramos por haber sido más que simples seres humanos y construimos historias hermosas sobre sus vidas, aunque irracionalmente exageradas. En sí mismo, esto no representaría un problema si el significado de su ejemplo no se perdiera en el proceso.

Como dice Gerry Spencer: «Mi intención es contar la verdad como la conozco, sabiendo que lo que es verdadero para mí podría ser una blasfemia para otros».

No estamos obligados a estar de acuerdo con lo que elijan libremente los demás. Basta con que aprendamos a vivir con ello en paz. Esto incluye (aunque no se limita a) puntos de vista políticos, creencias religiosas, restricciones alimenticias, asuntos del corazón, elecciones de carrera y aflicciones mentales.

Aclarado el punto, la tolerancia NO significa aceptar lo que es dañino. Deseo que todos los seres vivan en paz y que todos los seres sean felices.

Se puede asumir con cierta seguridad
que uno ha creado a Dios a su propia imagen
cuando resulta que Dios
odia a las mismas personas que uno.
—Anne Lamott

Arrepentimiento

En mi vida...

he sido egoísta, resentido y no he tenido remordimientos;

he engañado a casi todas las personas con las que he estado en una relación;

no siempre he respetado los compromisos de otros;

he matado a dos gatos;

he golpeado físicamente y herido gravemente a un perro;

he ido de pesca con mi padre;

he mentido a mis padres, amigos, amantes, maestros, empleadores, al gobierno y a desconocidos;

he hecho trampa en los exámenes escolares;

he copiado la tarea de alguien más;

he infringido muchas leyes de tránsito;

he robado;

he hablado de otras personas;

solía ser homofóbico;

solía quemar hormigas y arañas con una lupa cuando era niño;

además, maté a otros insectos a lo largo de mi vida por otros medios;

he dicho algunas palabras duras que ya nunca podré retirar;

he discriminado a personas según su apariencia;

he deseado el mal a otros;

he usado la culpa para manipular;

he sido ambicioso;

he sido ignorante;

he consentido actos de guerra;

he consentido el acto de matar animales con mis elecciones alimenticias;

y he consumido bebidas y sustancias que son tóxicas para mi salud.

No hay excusa para nada de esto.

Lo siento.

Si no te arrepientes abiertamente de tus ofensas
es más probable que las repitas.
—Cheng Yen

Seguir aprendiendo

La paciencia es la práctica más difícil para mí como adulto.

De niño, la forma infalible de hacer enojar a mi padre era quedarme de pie desgarbadamente con las manos en los bolsillos. «Es un signo de pereza –solía decir–. ¡Ponte a hacer algo!».

Ahora me doy cuenta que desde una edad muy temprana se me enseñó esencialmente a hacer todo rápido y a hacerlo correctamente o haría enojar a «mis superiores» y sufriría las consecuencias. Entonces, tal vez fue natural la inclinación que sentí hacia los bufetes de abogados como joven, pues llevan un ritmo rápido, frío, brutal, implacable, demandante... ¡vaya, como un campo de entrenamiento!

Sin embargo, después de una década como asistente jurídico y secretario legal yo también me volví frío. No solamente me encantaba la franqueza con la que me decían exactamente qué hacer, sin adornos; yo también empecé a tratar a otros con el mismo nivel de rigidez. Después de todo, era eficiente y la regla de oro dice que «tratemos a los demás como nos gustaría ser tratados», ¿cierto?

Falso.

La regla de oro no aplica si nosotros mismos queremos ser tratados como una máquina. Nunca entendí por qué la gente no podía «aguantarse como los hombres», por así decirlo.

Además, todavía puedo escuchar a mis padres gritar: «¡Te voy a dar algo para que en verdad llores!» y me hace estremecer.

Por desgracia, arruiné casi cada relación en mi vida por culpa de esta mentalidad inflexible y fue sólo después de vivir en un monasterio con maestros maravillosos que hicieron todas las observaciones correctas, que finalmente entendí lo que estaba sucediendo.

Pasé de ser objeto de abuso a ser el abusivo, no sólo con los demás sino también conmigo mismo.

El lado positivo de esto es que EL CAMBIO SIEMPRE ES POSIBLE.

La conciencia fue el primer paso (comprender claramente por qué era de la forma en que era y, después, prometerme cambiarlo). Sin embargo, las tendencias habituales son difíciles de romper, y cambiarlas requiere de algo que nunca se me había enseñado antes: la paciencia.

La vida es una escuela en curso en la que todo el mundo es nuestro maestro, y cada situación conlleva una lección que debemos aprender. Es sólo siendo paciente conmigo mismo como puedo aprender de alguna manera a ser paciente con los demás.

No culpo a mis padres por haberme educado del modo en que lo hicieron (era todo lo que sabían. Posiblemente también a ellos los educaron de la misma manera) y, definitivamente, no culpo a la industria legal por operar del modo en que lo hace (después de todo, soy yo el que eligió estar en ella, hasta que decidí salirme).

Por lo que he escuchado, algunos bufetes de abogados se están alejando de ese estilo de trabajo y están implementando técnicas de comunicación no violenta en el espacio laboral. Admitámoslo, si hay esperanza para los abogados, ¡entonces hay esperanza para todos nosotros! (Mis disculpas para los abogados del mundo, que siempre terminan siendo el blanco de alguna broma).

Nosotros realizamos nuestras propias elecciones y pagamos nuestro propio precio. Es por eso que hace algunos años decidí ser amable, bondadoso, paciente, comprensivo, cariñoso y compasivo y estoy justo ahí, con el resto de ustedes. Sigo aprendiendo.

Gracias por su paciencia.

Una lección se seguirá repitiendo hasta que la aprendas.
—Anónimo

El término medio

Cuando las cosas no resultan de la forma esperada culpamos a las circunstancias externas en lugar de reflexionar en lo que pudimos haber hecho diferente, o bien, reflexionamos a tal extremo que terminamos por hacernos demasiados reproches.

Existe un término medio en el que podemos considerar los posibles resultados si hubiéramos hecho las cosas de manera distinta, pero sin considerarnos perdedores o fracasados, puesto que simplemente no contábamos con todas las cartas al inicio del juego.

Es muy fácil identificar los extremos cuando los demás se van por la tangente y se desahogan contando todo lo que salió mal sin ver lo que pudieron haber hecho diferente. El truco está en darnos cuenta cuando NOSOTROS lo hacemos.

Procuramos razonar con nosotros mismos para sentirnos mejor acerca de lo sucedido, pero incluso si nos alejamos de la situación sintiéndonos justificados no nos alejamos de ella siendo más sabios.

Cuando los demás se culpan a sí mismos de hacerlo todo mal, inmediatamente los invitamos a considerar otra perspectiva recordándoles el resto de los factores que estuvieron en juego. ¿Entonces por qué no podemos hacer esto con nosotros mismos cuando NOSOTROS nos sentimos unos completos fracasados?

Supongo que por eso es tan importante tener amigos honestos a nuestro lado. Ellos nos dicen las cosas como son (las queramos oír o no) y si somos lo suficientemente sabios consideraremos todos los comentarios, aprenderemos, creceremos, maduraremos y volveremos a intentarlo.

Si quieres que tu vida sea una historia magnífica
empieza por darte cuenta de que tú eres el autor
y que cada día tienes la oportunidad
de escribir una nueva página.
—Mark Houlahan

La belleza del gris

Hace algunos años tomé la decisión de vivir una vida simple y sin complicaciones y pensé que eso significaba tener que eliminar, de manera diligente, cualquier cosa que interfiriese con esa meta. Como resultado oscilé como un péndulo durante algunos años, volando de un extremo al otro sin darme cuenta de que la serenidad no se halla en ningún extremo del espectro, sino en algún punto medio entre ambos.

Cuando en lugar de quedarte en alguno de los extremos te quedas suspendido en el centro, nada puede ofenderte. Es mucho más fácil experimentar compasión y un entendimiento profundo hacia los demás cuando nadie se encuentra lejos de donde estás.

Sigue adelante, rodéate de personas afines para sentirte cómodo y apoyado, pero no olvides honrar de la misma manera, sino es que más, a aquéllos que ponen el dedo en la llaga, porque son ellos los que te brindan la oportunidad de crecer y madurar más allá de los mecanismos que te hacen la vida fácil.

El mundo no es blanco y negro. Ahora lo sé. Vivimos la mayor parte del tiempo en el gris.

Kinaʻole: una sola palabra hawaiana lo dice todo.
Hacer lo correcto, de la manera correcta,
en el momento correcto, en el lugar correcto,
a la persona correcta, por la razón correcta,
con el sentimiento correcto... ¡la primera vez!

Vive y deja vivir

Durante mi viaje a través del país me hospedé con diferentes personas en distintas ciudades y una cosa probó ser universalmente cierta: nosotros creamos la mayor parte de nuestro propio sufrimiento.

Por ejemplo, había un anfitrión con el que hubieras pensado que me llevaría de lujo debido a que a los dos nos gustaba el yoga, éramos asiduos asistentes a los mercados de agricultores, ambos éramos vegetarianos, conscientes del medio ambiente, etc. Sin embargo, había una gran diferencia entre nosotros que no fue evidente en el papel. Él era un activista que, literalmente, peleaba y protestaba en contra de todo aquél que no compartiera sus mismos valores; yo no lo soy. Él estaba enfadado con las personas que comían carne, con los que conducían coches que devoran gasolina e incluso conmigo, ¡por no estar enojado con ellos también! Fue muy interesante.

Entiendo completamente por qué la gente come carne. ¡Por su sabor, por ejemplo! Sin embargo, la decisión que tomé allá por los años noventa de dejar de comerla no convirtió a mis hermanos carnívoros en mis enemigos (además, tampoco intento convertir a otras personas a mi estilo de vida diciéndoles que lo que hacen está «mal»).

Si la gente que me conoce se siente forzada a cambiar su alimentación o su atlético estilo de vida para asemejarlo más al mío con la esperanza de obtener resultados similares,

¡fantástico! Pero no es mi trabajo juzgar a nadie que no lo haga.

Es mi manera de poner el ejemplo. Algunos lo siguen, otros no. Así es la vida.

Estuve en Florida por un tiempo y una mañana mis sobrinas despertaron y me pidieron que les preparara el desayuno. «¿Qué les gustaría desayunar?», pregunté. Ellas respondieron: «¡Huevos revueltos, tío Timber!».

Ésta fue una prueba de fuego. Pude haber dicho: «¡De ninguna manera! Yo no como huevo y ustedes tampoco deberían hacerlo» o simplemente pude haber preguntado: «¿Lo quieren con pan?».

Preparé el huevo justo como me lo pidieron y cuando me preguntaron: «¿Por qué no comes nada?», les expliqué lo que significaba ser vegano y les dije la razón por la cual estaba comiendo otra cosa. Sonrieron, asintieron y enseguida comentaron: «¡Eso está genial!». Luego continuaron comiendo su desayuno.

La semilla de la elección fue plantada. Les presenté un estilo de vida diferente porque ellas me preguntaron, no por la fuerza. Con el tiempo, así como con las condiciones adecuadas, esa semilla germinará y crecerá, y mis sobrinas tomarán sus propias decisiones. De hecho, una semana más tarde probaron un jugo fresco de frutas en el desayuno y realmente les encantó.

Mi vida es mi mensaje. Ni siquiera el libro y la página de Facebook de *Campo de entrenamiento budista* constituyen algo que yo IMPONGA a los demás; simplemente estoy compartiendo mi vida con todos los que ELIJAN formar parte de ella y eso es lo que más me gusta de estos medios. Lo que hagas con el mensaje es elección tuya.

No siempre estamos de acuerdo con todo (ni tampoco tenemos que estarlo). Sin embargo, entendemos la importancia de ser amables los unos con los otros, sin juzgarnos mutuamente y de vernos como seres humanos que procuran dar lo mejor.

¿Quiénes fueron los que dijeron «vive y deja vivir»? ¡Creo que ya se habían dado cuenta de algo!

Si recuerdas los momentos más felices de tu vida,
todos son de cuando hiciste algo
por otra persona.
—Desmond Tutu

El voto

Votar no es algo que hacemos sólo cada cierto número de años. Es un modo de vida cotidiano. Votamos con nuestros bolsillos en cada decisión de compra que tomamos (sea en una tienda de alimentos, una tienda departamental o en algún negocio por Internet). Por ejemplo, sólo existe una razón por la cual las tiendas de alimentos en Hawai venden mangos importados de Ecuador: porque la gente sigue comprándolos. Las frutas tropicales crecen justo aquí en la isla, pero no podemos culpar a las tiendas de proveer lo que nosotros pedimos. Sin embargo, si cambiáramos nuestra forma de hacer las cosas y únicamente compráramos mangos locales, entonces únicamente venderían mangos locales. Es así de simple.

Por ejemplo, si estás en contra de la crueldad animal y sigues comprando pastas dentales fabricadas por empresas que prueban sus productos en animales, en esencia estás apoyando una causa en la que no crees. Recuerda: tus creencias no te hacen una mejor persona, ¡tus acciones sí! Otra forma de votar es cuando pagamos por un servicio, no sólo por un producto. Si estás en contra de la violencia pero te apresuras a ver el último éxito taquillero violento en el cine, entonces se producirán más películas que glorifiquen el acto de la guerra, lo cual no hará sino añadir más violencia al mundo.

Haz un recuento de las consecuencias que han tenido tus decisiones y asegúrate de que estén alineadas con tus valores. Cierra la brecha entre lo que crees y tu manera de actuar.

No estás atrapado en el tráfico; tú ERES el tráfico.
Culpamos a la sociedad pero nosotros SOMOS la sociedad.
—Anónimo

EL ÉXITO

El verdadero lujo

¿Te has dado cuenta cómo observamos cada situación desde una perspectiva relativa? Inmediatamente contemplamos opciones para hacer las cosas diferentes de como son, ya sea mejores, más rápidas, más grandes, más cálidas, más intensas... ¡Es extenuante! Ahora imagina que te liberas de las etiquetas y las valoraciones y permites que las cosas sean tal como son, sin desear que sean de tal o cual forma. Acéptate a ti mismo y luego a los demás sin necesidad de cambiar nada.

De manera inevitable, los sentimientos y las emociones seguirán apareciendo (tanto las placenteras como las no placenteras). *Campo de entrenamiento budista* es simplemente un recordatorio de que es necesario hacer una pausa y reconocer que todo es temporal, incluidas la juventud, la salud y la vida misma. Todas las experiencias son igual de pasajeras que las nubes en el cielo. La ira viene y va, el entusiasmo se eleva y decae y las lágrimas se secan solas. Practica con ternura al observar cómo tus sentimientos y emociones entran y salen de tu mente, igual que el tráfico en una calle muy transitada.

Permanece atento a todo lo que sucede a tu alrededor, pero trata de hacerlo sin el monólogo interno. Observa sin juzgar y experimenta la vida sin resistencia.

Las opiniones cambian, las perspectivas se amplían y lo opuesto de lo que sabes también es cierto. Da un paso atrás y verás que toda nuestra angustia es autoimpuesta. A todo le asignamos un significado y simplemente nos rehusamos a aceptar que todo es transitorio.

En lugar de gastar tanto tiempo pensando en lo que le falta a tu vida recuérdate a ti mismo (siquiera veinte minutos al día) todo lo que ya tienes: un lugar cómodo para dormir, un techo sobre tu cabeza, aire limpio, agua potable, comida, ropa, amigos, un par de pulmones que funcionan y un corazón que late.

¡Cuando empieces a pensar en cada momento con gratitud no sólo dejarás de experimentar la vida desde un estado de carencia sino que experimentarás la abundancia!

ESO es un lujo. ¡ESO significa ser rico!

Algunas personas son tan pobres
que lo único que tienen es dinero.
—Anónimo

Las carreras profesionales están sobrevaloradas

Trabajaba en el mundo corporativo de los Estados Unidos y cada mes enviaba mil dólares de mi salario a mis acreedores para pagar lentamente la excesiva deuda de mi tarjeta de crédito, hasta que un día me di cuenta de que estaba a un par de pagos para quedar libre de deudas por primera vez en mi vida adulta.

«¿Qué voy a hacer con esos mil dólares adicionales al mes una vez que mi deuda esté liquidada?», me preguntaba. Mi mente se disparó pensando en todo tipo de ideas locas en qué gastar, cuando de pronto tuve uno de mis mayores momentos de lucidez y decidí que, de hecho, no hacía falta ganar esos mil dólares «adicionales» al mes. Podía renunciar a mi trabajo, cambiar mi estilo de vida, trabajar menos y ¡vivir más!

Se convirtió en un juego entretenido pensar con cuánto era lo mínimo que podía vivir y seguirla pasando bien. Mudarme a Hawai fue una opción evidente en aquél momento (a pesar de que mucha gente lo considera un sitio muy costoso para vivir) porque todo lo que disfruto hacer al aire libre, como el tenis, vóleibol, senderismo, ciclismo o kayak, no sólo es divertido sino gratuito. Además ¡puedo hacerlo durante todo el año!

Vendí todo lo que alguna vez poseí y me mudé a Hawai sin una cuenta de ahorros, aunque también sin deudas, completamente determinado a vivir una vida simple y sin complicaciones.

Eso fue hace más de seis años y todavía sigo pasándola de maravilla.

Es cierto que pude haber seguido trabajando de tiempo completo y utilizado el dinero «adicional» para ayudar a otros, pero hay muchas maneras de ayudar a la gente que no involucran dinero (como ofrecer mi tiempo, habilidad, talento y devoción como voluntario). Por ejemplo, una anciana que ha sufrido un derrame cerebral y está sola en el hospital no precisamente necesita dinero; necesita una mano en la cual apoyarse y ahora que sólo trabajo medio tiempo puedo hacerlo.

Un trabajo de ocho horas no es la única manera en que se deletrea el éxito.

El hombre sacrifica su salud para obtener dinero;
luego sacrifica su dinero para recuperar la salud.
Está tan ansioso acerca del futuro que no goza el presente.
Como resultado no vive en el presente ni en el futuro.
Vive como si nunca fuera a morir
y muere luego sin haber vivido realmente.
—El Dalai Lama,
en respuesta a la pregunta de qué es lo que más le sorprende.

Saber alejarse

Trabajé para una empresa desarrolladora de software a principios de los años noventa junto a socios gerentes que solían gritar y decirnos palabrotas. Literalmente solían aventar montones de papel por toda la oficina al tiempo que gritaban: «¡Archiva esto!». Además, constantemente peleaban entre ellos en frente de todo el mundo. Odiaba tanto mi trabajo que a veces lloraba en los baños durante mis recesos. Me quedé allí por un año porque pensaba que tener el nombre de esa empresa en mi currículo se vería impresionante, aunque al final la compañía cerró un mes después de mi salida y nunca a nadie le importó que hubiese trabajado ahí.

El budismo nos enseña a ser tolerantes y a aceptar las cosas. Sin embargo, la tolerancia NO significa aceptar lo que es dañino. Incluso si piensas que existen beneficios en seguir en una situación dañina, te insto a reconsiderarlo. El abuso nunca está justificado y solamente cuando no nos amamos a nosotros mismos lo suficientemente permitimos que otros nos traten de manera irrespetuosa. Cuando te amas a ti mismo puedes hacer cualquier cosa con dignidad y ser apreciado por ella o puedes llevar tus habilidades a otra parte.

El éxito significa ser feliz. Nadie merece odiar la manera en que se gana la vida. Ámate lo suficiente como para elegir la felicidad a cada momento ¡y serás la persona más exitosa del mundo!

La tolerancia no significa aceptar lo que es dañino.
–Timber Hawkeye

El éxito significa ser feliz

Si trabajar de tiempo completo te deja sintiéndote como si sólo vivieras medio tiempo, ¿es posible que estemos sobrevalorando las carreras profesionales?

Nadie mira su vida en retrospectiva y dice: «Debí haber pasado más tiempo en la oficina». Entonces, ¿por qué hacemos del trabajo nuestra prioridad? Si es porque vemos a aquéllos que trabajan muy duro y ganan mucho dinero como exitosos, ¡entonces tenemos que revaluarlo! Esas personas tienden a tener mucho estrés es su vida, presión alta, problemas del corazón, úlceras, dolores de cabeza e insomnio... ¿Eso suena como el éxito para ti?

Las únicas personas que realmente aman su trabajo son aquellas que han encontrado su vocación. ¿Has encontrado la tuya? Un trabajo de ocho horas no es la única manera en que se deletrea éxito. ¡No permitas que el concepto de cambio te asuste tanto como la posibilidad de seguir siendo infeliz!

En el diccionario, la palabra «vocación» es sinónimo de «carrera» y nadie tiene la vocación de odiar la manera en que se gana la vida. Si el éxito significa ser feliz, ¿estás en el camino correcto?

La diferencia entre lo que eres
y lo que deseas ser
es lo que haces.
—Anónimo

Redefinir lo «suficiente»

Seguramente estaría bien salir a comer todos los días, dormir en un colchón mucho más cómodo, tener una computadora y un teléfono más sofisticados, una silla para masajes y la capacidad de viajar con mayor frecuencia. Sin embargo, no quiero trabajar cuarenta horas a la semana para poder pagar todo eso.

No tengo la impresión de haber sacrificado esas cosas al haber elegido trabajar veinte horas a la semana. Simplemente las he intercambiado por lo que, de manera personal, deseo aún más: salir del trabajo a medio día, ir a nadar, a caminar, hacer voluntariado, jugar tenis, vóleibol, escribir, leer, etc. Con un trabajo de cuarenta horas a la semana no sería capaz de hacer todo eso. Además, las «cosas» no me hacen feliz, pero tener todo ese tiempo libre sí que se siente muy bien para mi salud (mental, espiritual, física y emocional).

Se trata de reconocer qué es lo que MÁS quieres en la vida y ver si tus decisiones diarias reflejan tu respuesta.

Uno hace sus propias elecciones y uno paga su propio precio. Algunas personas aman su trabajo de tiempo completo, lo cual me parece genial, pero ¿qué pasaría si más gente hiciera un cambio y tomara un trabajo de veinte horas cada semana? El número de personas empleadas se duplicaría de inmediato y automáticamente ellas serían dos veces más felices gracias a todo ese tiempo libre que podrían pasar con su familia y amigos. ¿Acaso estoy loco por pensar que necesitamos más ESO que adquirir más COSAS?

Existe una diferencia entre el costo de las cosas y el precio de las cosas. Por ejemplo, el COSTO de un teléfono inteligente nuevo está alrededor de 400 dólares, pero el PRECIO es aproximadamente dos semanas de trabajo (si tu salario es similar al mío).

Recibo muchos correos electrónicos de personas que dicen: «Realmente odio mi trabajo y quiero simplificar mi vida, pero NECESITO este empleo para pagar el seguro de mi auto, las mensualidades, la factura del teléfono móvil, la hipoteca, los gastos de manutención, etc.». Mi respuesta es simplemente que un teléfono inteligente, las mensualidades del auto y los demás gastos son todas elecciones que hacemos y el precio que pagamos por estas cosas no se expresa tanto en términos de dinero sino en términos de lo que tenemos que HACER para poder pagarlas.

Pasa un día entero sin quejarte. Luego, ¡la vida entera!

Un día despertarás
y ya no habrá más tiempo
para hacer las cosas que siempre has querido hacer.
¡Hazlas ahora!
—Paulo Coelho

Una vida simple

Mi padre me contó esta historia cuando era niño y aunque muchos de nosotros ya la hemos escuchado antes (Heinrich Böll la contó originalmente) creo que merece ser compartida con frecuencia, en especial en cada ceremonia de graduación de las preparatorias del mundo. ¡Que la disfrutes!

Un verano, hace muchos años, un banquero se encontraba de vacaciones en una pequeña aldea en la costa. El empresario divisó a un pescador en una pequeña lancha al lado del muelle con un puñado de peces que acababa de pescar. El banquero le preguntó cuánto tiempo había tardado en capturar a los peces. El hombre le respondió que había estado en el agua únicamente un par de horas.

«Entonces, ¿por qué no te quedaste más tiempo en el agua para capturar más peces?», preguntó el empresario.

El pescador dijo que pescaba lo suficiente para alimentar a su familia cada día y que luego regresaba.

«¡Pero son sólo las 2:00 de la tarde! –dijo el empresario–, ¿qué haces con el resto de tu tiempo?».

El pescador sonrió y dijo: «Duermo hasta tarde cada día, luego pesco un poco, voy a casa, juego con mis hijos, tomo una siesta en la tarde y luego paseo en la aldea cada noche con mi esposa, me relajo, toco la guitarra con los amigos, río y canto hasta altas horas de la noche. Tengo una vida plena y maravillosa».

El banquero se mofó del joven pescador: «Yo soy un empresario de Nueva York, permíteme decirte lo que deberías hacer en lugar de desperdiciar tu vida de esta manera. Deberías capturar más peces para venderlos a otra gente y luego comprar un bote más grande con el dinero que hagas, para que puedas capturar aún más peces».

«¿Y luego qué?», preguntó el pescador. Los ojos del empresario se engrandecieron mientras explicaba con gran entusiasmo: «Entonces puedes comprar una flota entera de botes de pesca, dirigir un negocio y ¡hacer una tonelada de dinero!».

«¿Y luego qué?», volvió a preguntar el pescador. El banquero lanzó las manos al aire y dijo: «¡Valdrías un millón! Entonces puedes dejar este pequeño pueblo, mudarte a la ciudad y administrar tu empresa desde ahí».

«¿Cuánto tiempo me llevaría todo esto?», preguntó el pescador. «¡De quince a veinte años!», respondió el banquero.

«¿Y luego qué?»

El empresario se rio y dijo: «Ésta es la mejor parte. Entonces puedes vender tu negocio, mudarte a una pequeña aldea, dormir hasta tarde, pescar un poco, jugar con tus hijos, tomar siestas en la tarde, dar un paseo nocturno con tu esposa después de la cena, relajarte, cantar y tocar la guitarra con tus amigos. ¡Tendrías una vida plena y maravillosa!».

El pescador sonrió al empresario, tranquilamente juntó su pesca y se alejó caminando.

Vive sencillamente para que otros sencillamente puedan vivir.
—Mahatma Gandhi

El saber es apenas la mitad de la batalla

Uno nunca comete el mismo error dos veces. La segunda vez que se comete ya no es un error, es una elección. Lo que somos, en esencia, es una serie de malas decisiones.

Si únicamente el saber nos hiciera sabios, entonces cualquier ciudadano mayor sería un maestro zen. Alcanzar la realización no tiene nada que ver con lo que sabemos sino con lo que hacemos con ese conocimiento. Meditar para que todos los seres sensibles sean liberados de su sufrimiento no te hace un budista, así como tampoco te hace un millonario simplemente pensar en comprar un billete de lotería. Considera a cada persona necesitada como una invitación para servir, así estarás poniendo la compasión en práctica.

Campo de entrenamiento budista te exhorta a poner manos a la obra y a ayudar a cualquier persona necesitada, así como a hacer de todo aquello que te hace bien un hábito. Todo comienza contigo y con las decisiones que tomas. Empieza por los patrones de conducta, las opciones de comida y decidiendo cómo utilizar tu tiempo, dinero y talento más efectivamente en beneficio de los demás.

Imagina que cada persona que encuentras es un buda, así no serás ambicioso ni estarás lleno de odio. Tampoco serás irrespetuoso con nadie. Deja de esforzarte demasiado en querer tener siempre la razón y en demostrarte a ti mismo que eres superior a los demás. En lugar de eso esfuérzate por conectar con las personas. Todos estamos juntos en este barco. Respóndeme algo: ¿Qué es perjudicial para tu salud? ¿Por qué lo sigues haciendo?

Todos conocen el camino, pero sólo unos cuantos lo recorren.
—Bodhidharma

LA IRA, LAS INSEGURIDADES
Y LOS MIEDOS

La raíz de nuestro sufrimiento

Para reducir la cantidad de estrés en nuestras vidas (así como la ira, el miedo, la decepción, la ansiedad y la intolerancia) debemos empezar por reducir nuestras expectativas.

Si te enfureces a causa del tráfico, si te molestas con los empleados bancarios por tardarse «tanto» al atender a otros clientes, si te decepcionas cuando un amigo olvida tu cumpleaños o cuando el clima no mejora en un día en el que planeabas hacer un día de campo, toma nota de que la mayoría de tus expectativas son completamente irracionales y egocéntricas.

Cuando no esperamos que una película sea increíble no nos decepciona demasiado si no resulta divertida. No pegarle al gordo en Las Vegas no supone un gran lío si de todos modos no esperábamos hacerlo; y, para los adultos, incluso resulta aceptable que un libro no tenga un final feliz. Si no tenemos expectativas no nos sentiremos completamente desanimados si una cita a ciegas termina siendo burda o si un aguacate resulta negro por dentro. Ponte a reflexionar: la única razón por la que no te decepciona no encontrar una carta de amor en tu buzón cada día es porque no esperabas encontrar una.

Para consolidar una amistad sana y duradera con la gente más cercana a ti basta con comprometerse mutuamente a nunca hacerse daño de manera intencional. Además, esperar poco uno del otro nos inspira a hacer más.

Sé paciente con los empleados de las tiendas y los meseros de los restaurantes. Puede que estén más lentos de lo que esperabas porque estén enfermos o porque tengan un dolor de cabeza. También es posible que hayan recibido una mala noticia o que sea su primera semana de trabajo. El problema no reside en qué tan rápido o lento se muevan; el problema son tus expectativas. Puede que incluso estén trabajando con alguna incapacidad de algún tipo que les impide moverse más rápido. Sé paciente.

Estamos bombardeados por una sociedad que promueve las entregas nocturnas, las filas de salida exprés, el servicio al cliente las 24 horas, los aviones, los carriles especiales para vehículos compartidos, las devoluciones y mensajería instantáneas así como el café instantáneo. Constantemente animados a esperar lo que queremos, como lo queremos y en el momento en que lo queremos, estamos condicionados a movernos de forma más rápida, a realizar varias tareas a la vez, a leer y conducir rápidamente, etc., y no tenemos lugar en nuestra vida para aprender la paciencia, la tolerancia, el saber escuchar o la respiración consciente.

Desacelera, aspira el olor de las flores y mastica tus alimentos.

Luego y sólo entonces, estarás en posición de ser amable contigo y con los demás.

Cuando te liberas de las expectativas
de que el mundo debería satisfacerte
tus decepciones desaparecen.
—Dan Millman

El origen de la ira

La ira es como una máscara que cubre los sentimientos heridos o el miedo. La próxima vez que estés enfadado puedes rastrear el origen de ese sentimiento hasta su raíz en la decepción, la pena, el miedo, el dolor, la impaciencia o la vergüenza. Aprende a comprender hábilmente ESAS emociones en lugar de la ira y rápidamente encontrarás la paz al entender el malentendido.

De alguna manera se ha convertido en algo socialmente aceptable expresar la frustración y la irritación públicamente: gritando, azotando puertas, haciendo señales con el dedo y saliendo furiosos de la habitación. Sin embargo, por alguna razón, la sensibilidad y la vulnerabilidad todavía se consideran como signos de debilidad (especialmente entre los hombres), a pesar de que la honestidad y la gracia denotan significativamente más valentía que un mal temperamento.

Si nos valemos de la ira para motivar el cambio y alimentar la determinación podemos incluso impulsar nuestras buenas intenciones sin causar ningún daño. Sin embargo, cuando la ira no se maneja cuidadosamente puede convertirse en odio y rabia, lo cual no sólo resulta improductivo sino peligroso.

Cuando te sientas decepcionado o irritado date un momento para pensar qué te gustaría lograr y descubrirás que gritar o comportarte mal muy rara vez (si acaso) te dará los resultados esperados. EXPLICA tu ira, no la expreses, e inmediatamente abrirás las puertas a la soluciones y al entendimiento.

Muchas personas dicen que «es más fácil decirlo que hacerlo», pero cuando contemples la facilidad o la dificultad de cualquier práctica no olvides considerar los retos de la alternativa. Puede ser muy difícil expresar nuestras inseguridades de manera sana y, asimismo, resulta más dañino enfadarse por eso o permitir que las cosas se acumulen en el interior. Recuerda el consejo freudiano: «El dolor no se descompone cuando lo entierras».

La gratitud es el antídoto contra la ira. No es posible estar enojados y agradecidos a la vez (uno aplasta al otro). Entonces, elige la gratitud cada vez, pues nunca falla para tranquilizar la mente.

> *Nadie puede hacerte sentir inferior*
> *sin tu consentimiento.*
> *—Eleanor Roosevelt*

Los dos lobos

Es como si existieran dos versiones de mí. Una es tranquila, honesta, compartida, indulgente, armoniosa y sabia y la otra algunas veces es ambiciosa, egoísta, deshonesta y contenciosa. Entonces, cuando me despierto a diario le doy los buenos días a ambas partes, aunque luego me comprometo a escuchar únicamente a la parte más sabia por el resto del día.

Lo que resulta gracioso es que la parte egoísta de mí es escandalosa y repulsiva y siempre está gritando: «¡Escúchame, escúchame!», mientras que mi lado desinteresado simplemente se sienta ahí en silencio, tal cual Buda, con una sonrisa de sabiduría en el rostro y piensa: «Tú sabes lo que debes hacer...».

Creo que ambas partes se hallan dentro de cada uno de nosotros y que somos capaces de ser cualquiera de ellas. La elección es nuestra con cada decisión que tomamos.

Es como la historia de los indios de Norteamérica acerca del anciano que le dijo a su nieto: «Existe una batalla entre los dos lobos que habitan dentro de cada uno de nosotros. Uno es el Mal (es la ira, la envidia, la avaricia, el resentimiento, la inferioridad, las mentiras y el ego) y el otro es el Bien (es la alegría, la paz, el amor, la humildad, la bondad, la empatía y la verdad)». Cuando el niño le preguntó: «¿Qué lobo gana?» el anciano respondió en voz baja: «El que alimentes».

Es mejor tener una mente abierta por el asombro
que una mente cerrada por la creencia.
–Gerry Spence

Conoce el antídoto

Yo abordo el miedo de la misma manera en que abordo casi todo lo demás en la vida: con un antídoto. A lo que me refiero es que la ira y la gratitud no pueden coexistir en el mismo pensamiento. Es cognitivamente imposible. Por ejemplo, en el momento en que te enfadas con tu pareja, en ese instante dejas de estar agradecido por tener a esa persona en tu vida en primer lugar. No obstante, en el momento en que regresas a la gratitud la ira se va. Sucede como por arte de magia: la gratitud es el antídoto contra la ira.

He aquí el truco: en lugar de concentrar toda tu energía en «liberarte del enojo» concéntrate en aumentar tu gratitud... el enojo disminuirá naturalmente.

El miedo también tiene un antídoto y espero que me puedas seguir el hilo al respecto.

Pasé años sintiendo envidia por la gente que tenía fe debido a que yo era demasiado lógico para entenderla. Esto resultaba frustrante porque escuchaba decir que, si se alimenta la fe, todos los miedos morirían de hambre; ahora sé que es poderosamente cierto.

La «fe» es tener confianza en el curso de las cosas. ALGO está haciendo latir tu corazón en este instante y funcionar a tus pulmones. Algo está haciendo crecer al pasto y está haciendo girar a los planetas. Lo queramos admitir o no lo que tenemos es FE. Tenemos fe en que nuestro corazón seguirá latiendo y en que despertaremos mañana por la mañana. No lo SABEMOS; CONFIAMOS en ello. Entonces confía en el curso de las cosas y honra el proceso al no ignorar esta tremenda fe que posees. Esto no significa que tu fe tenga que estar confinada a la religión. Por ejemplo, yo, Timber Hawkeye, tengo fe sin religión.

¿Por qué es tan importante reconocer nuestra fe? Porque la fe es el antídoto contra el miedo.

Ahora sabemos que la energía fluye hacia donde la atención se dirige. Por lo tanto, si alimentas tus miedos éstos crecerán, aunque si alimentas tu fe tus miedos no tendrán de qué alimentarse y poco a poco morirán. El problema es que el miedo se nos ha inculcado desde una edad muy temprana, con un grado de severidad que varía enormemente según nuestra crianza, cultura, familia, etc.

De este modo, en tu «batalla contra el miedo» te propongo un cambio de dirección: no te enfoques en liberarte del miedo; concéntrate en aumentar tu fe... y el miedo desaparecerá por sí solo.

Es como el kundalini yoga, si alguna vez lo has practicado. Este tipo de yoga involucra una gran cantidad de respiraciones rápidas y puede tornarse demasiado frustrante si estás tratando de inhalar y exhalar realmente rápido. Sin embargo, como dice mi instructor de yoga, únicamente concéntrate en la exhalación, la inhalación sucederá de manera automática.

Confíen en el proceso, amigos míos. Permitan que las cosas sucedan (de todos modos van a suceder). Cuando confías en el transcurso de las cosas confías en que está bien que las personas sean diferentes entre sí, en que por mucho que no nos guste existe una razón por la cual sucede en el mundo lo que sucede y, además, confías en que lo opuesto de lo que sabemos también es cierto. Ten-confianza-en-el-proceso.

Existe un equilibrio y una armonía en el mundo (los polos norte y sur) y ambos se necesitan para no salirnos de control, ¿no es así?

Así que *sólo* concéntrate en alimentar tu fe y los miedos se marcharán naturalmente. Prueba lo de la respiración rápida... lo digo en serio. Cierra la boca e inhala y exhala rápidamente a través de la nariz. Puede costar trabajo A MENOS DE QUE te concentres en la exhalación y confíes en que en la inhalación sucederá sin esfuerzo.

Ser amable con quienes no te agradan
no significa ser hipócrita;
se le llama crecer como persona.
—Anónimo

Nunca es demasiado tarde

Ángela soñaba con ver el mundo fuera de su pueblo natal. Se imaginaba vivir en un pequeño apartamento en algún lugar y despertar al sentir los rayos del sol sobre su rostro.

Sin embargo, en lugar de tomar la decisión de mudarse pasó su vida aguantando la situación. Esto significó quedarse con su esposo hasta que éste decidió marcharse, seguir trabajando en el mismo empleo por quince años y únicamente comprar un automóvil nuevo hasta que el viejo dejó de funcionar. No se dio cuenta de que NO tomar ninguna decisión constituye una gran decisión en sí misma.

Por otro lado, su hermana Susi siguió una carrera tan lejos de casa como le fue posible, mientras que su mejor amiga, Eva, se fue de viaje por Europa, donde decidió quedarse.

Algo tan pequeño como tomar una decisión puede ser muy fortalecedor. Nos sentimos en control de nuestra situación (en lugar de víctimas de ella) y, cuando las cosas cambian, nosotros cambiamos con ellas. Este fluir y esta flexibilidad no ocurren de la noche a la mañana. Existe una brecha entre la necesidad de tomar una decisión y el tomarla. Este espacio casi siempre lo ocupa el miedo. Tememos al cambio y a lo desconocido, así que nos aferramos al pasado que ya se ha ido e intentamos evitar un futuro que es inevitable.

Sin embargo, darse cuenta de que éste es el problema no lo soluciona. Es aquí donde podemos obtener inspiración de otras personas que viven bajo reglas diferentes a lo largo del mundo. Estos individuos no viven en un mundo distinto al nuestro, simplemente observan el mismo mundo desde una perspectiva diferente.

Por ejemplo, Susi estaba llena de confianza y valor y Eva no empacó el miedo en su maleta para su viaje a Europa (lo dejó en casa). A nivel intelectual, Ángela sabía que si su hermana y su mejor amiga habían podido hacerlo ella también podía llevar a cabo grandes cambios en su vida, y finalmente ¡lo hizo!

Primero lo primero: Ángela apagó todo aquello que la llenaba de miedo, duda, paranoia, ansiedad y angustia (por ejemplo, la televisión). Para ella, que acostumbraba ver las noticias matutinas antes de irse a trabajar y escuchar la radio en el coche, fue un cambio drástico.

Evidentemente, las noticias le proveían suficiente ansiedad para el día, cada día (ya fuese el brote de un nuevo virus de la influenza, un hombre armado en el centro comercial, una intoxicación por espinacas contaminadas, una alerta de seguridad en el aeropuerto, una tormenta en el horizonte, los altos contenidos de fructuosa en el jarabe de maíz de su café o un reporte médico que vinculaba el cáncer de mama con el tinte del cabello).

Como si eso no fuera suficiente, Ángela además estaba acostumbrada a ver las noticias de las diez de la noche antes de ir a dormir, lo cual, extrañamente, la hacía sentirse agradecida de seguir con vida, pues todo el mundo parecía haber sido ya sea asesinado, violado, asaltado o haber desaparecido, mientras ella había estado en su trabajo.

Después de donar su televisión a un hogar para ancianos cerca de su casa, canceló su suscripción al periódico y en lugar de ello empezó a leer libros sobre el arte de la felicidad. Llamaba a Susi y a Eva con frecuencia, quienes se maravillaban de escuchar los cambios que Ángela estaba haciendo en su vida. Tanto Eva como Susi la animaron a seguir cultivando todo aquello que la llenara de amor, luz y positividad y a deshacerse de cualquier cosa que la llenara de miedo (incluyendo a su amiga Gretchen, que sospechaba que todos estaban tratando de robar su identidad, aprovecharse de ella o acceder a su computadora).

Ángela se armó del valor suficiente para renunciar a su trabajo, mudarse de New Hampshire y regresar a la escuela. Descubrió los beneficios de los alimentos ricos en nutrientes para elevar el ánimo y ahora da clases de yoga en la playa en Honolulu.

En la actualidad es ella la inspiración cotidiana de numerosos turistas que asisten a su clase de yoga en el hotel. Los invita a romper con la rutina, a tomar decisiones y a cambiar sus vidas.

Recientemente, Susi y Eva dieron una sorpresa a Ángela al aparecer repentinamente en la playa durante una de sus clases de yoga para celebrar su cumpleaños.

> *Nunca desanimes a alguien*
> *que continuamente progresa,*
> *no importa cuán lento vaya.*
> *—Aristóteles*

Controla tu temperamento

Practica escuchar a otras personas hablar acerca de sus creencias sin interrumpirlas. Escucha a los católicos, judíos, budistas, mormones, anarquistas, republicanos, miembros del Ku Klux Klan, heterosexuales, homosexuales, carnívoros, veganos, científicos, cienciólogos, etc.

Desarrolla la habilidad de escuchar CUALQUIER cosa sin perder los estribos.

El primer principio de *Campo de entrenamiento budista* es que lo opuesto de lo que sabes también es cierto. Acepta que las perspectivas de otras personas acerca de la realidad son tan válidas como la tuya (incluso si van en contra de todo lo que tú crees) y honra el hecho de que la verdad de alguien más es tan real para esa persona como tu verdad lo es para ti.

Después (y aquí es donde se complica más el asunto), inclínate ante ellos y di «namasté», que significa que la divinidad dentro de ti no sólo reconoce la divinidad dentro del otro sino que además la honra.

La compasión es lo único capaz de romper las barreras políticas, dogmáticas, ideológicas y religiosas.

Que todos vivamos en paz armoniosamente.

No te castigarán por tu ira;
te castigará tu ira.
−El Buda

Las inseguridades

Mientras caminábamos alrededor de la piscina de una amiga, mi madre me dijo en forma indirecta: «¡Parece que alguien se está poniendo gordito!».

Yo tenía dieciséis años y estaba lejos de ser obeso desde cualquier perspectiva, aunque debí haberme sentido inseguro de los kilos extra que había ganado, porque a partir de ese momento empecé a obsesionarme seriamente con mi peso.

En menos de un mes había hecho que mi madre me llevara a una tienda de artículos deportivos para comprar un Ab Roller (el aparato más popular para lograr un cuerpo escultural en el año de 1993). Cuando mi madre me preguntó por qué quería ese producto le respondí: «¡Porque algún día quiero ser un stripper!».

Por supuesto se rio, asumiendo que estaba bromeando. Sin embargo, yo sentía que la única manera en que podría reponerme oficialmente del «problema de estar gordito» era que la gente me pagara por quitarme la ropa.

Después de todo, resultó que mi inseguridad no tenía nada que ver con mi apariencia externa, porque incluso cuando empecé a hacer estriptis un par de años más adelante, con un estupendo abdomen bien marcado y un falso bronceado, seguía viendo el reflejo del niño gordo y pálido cada vez que me veía al espejo.

No estoy culpando a mi madre de algo que los demás no hagamos todos los días. Puede que me lo haya dicho sólo una vez, pero después de eso yo seguí llamándome gordo y feo durante años cada vez que me miraba al espejo.

Tus palabras tienen un poder inmenso, incluso aquéllas que te dices a ti mismo. Elígelas sabiamente.

Los errores del pasado te guían, no te definen.
—Anónimo

El dolor detrás de nuestros miedos

A raíz de que su salud y su memoria empezaron a deteriorarse, la abuela de mi amigo se mudó a la casa de su hija para que pudieran estar al pendiente de ella más de cerca.

Todos pensamos que sería una idea maravillosa que yo me encargara de cuidar la propiedad (ahora que nadie vivía allí) y que incluso podría poner a la renta uno o dos cuartos con el fin de hacer llegar el dinero a la abuela para cubrir sus elevados gastos de atención médica.

La casa tenía árboles frutales en el patio trasero, al igual que muchas de las casas del barrio. Mi plan era recolectar el excedente de la comunidad y donarlo a las personas del pueblo que no tuvieran los medios suficientes para alimentarse. Con la abundancia de comida, que de otro modo se desperdiciaría, nunca nadie más volvería a pasar hambre.

Mi amigo y su esposa tenían años de conocerme y confiaban ciegamente en que yo trabajaría siempre en beneficio de los demás. Sin embargo, curiosamente, cuando nos acercamos a sus padres, tías y tíos con la propuesta de que yo aceptara este puesto no pagado de cuidador de buena voluntad, que hiciera todo lo posible por aliviar la carga familiar al no tener que preocuparse por el inmueble, el cual ayudaría a cuidar y a mantener limpio y, por supuesto, que me asegurara de que todo el mundo tuviera un hermoso hogar a donde llegar cuando estuvieran en el pueblo, todos pensaron que era una idea magnífica, excepto la madre de mi amigo, que no lograba superar sus miedos y su falta de confianza en otra gente (y mucho menos en un extraño).

A ella le preocupaba que yo pudiera quemar o hacerle algo a la casa deliberadamente y que luego demandara a la familia por todas sus pertenencias; o bien, que subalquilara los cuartos de manera ilegal y me embolsara la renta, que destrozara el lugar o (y eso lo dijo con un grado de humor siniestro) que si realmente era tan bueno y generoso como su hijo me percibía, que pudiera permitir (Dios no lo quisiera) que las personas sin hogar durmieran en el piso de la casa cuando hiciera frío afuera.

Me di cuenta de que había demasiado dolor detrás de sus miedos. Siempre es el caso. La idea de que alguien viviera en la casa de su madre la hacía darse cuenta de que ésta se estaba muriendo, una realidad que le costaba trabajo aceptar y para la cual evidentemente no estaba preparada.

Volé de aquí para allá para reunirme con todos e, incluso, le pedí a un abogado que elaborara el borrador de un contrato que estipulara que no se me otorgaría ningún derecho monetario ni se me conferiría la facultad de demandar bajo ninguna circunstancia, con la intención de proteger los intereses de la familia de la mejor manera y, más importante *aún*, proteger la integridad de la abuela. Sin embargo, su hija siguió sin cambiar de opinión.

En aquel entonces fue muy frustrante y triste para mí. No comprendía por qué su mamá no lograba aceptar la generosidad de alguien sin pensar en que había una «trampa».

¿Acaso la mayoría de la gente se ha vuelto así de cínica, insensible y pesimista y no me he dado cuenta? ¿Ya no creen las personas en los actos de bondad y generosidad espontáneos? Si ese es el caso, ¡necesitamos realizar más actos de este tipo para que la gente vuelva a creer!

No permitas que esta historia te desanime; que más bien avive el fuego en tu corazón para dar, perdonar y creer.

Una casa que era maravillosa es ahora un cementerio de geckos y cucarachas que se desmorona a causa del moho y el abandono. Me imagino que lo mismo le ha sucedido al corazón de la madre de mi amigo.

La gran lección que aprendí de esta experiencia es que no se puede querer algo más para alguien de lo que ellos lo quieren para sí mismos y que algunas personas simplemente no creen en la luz (¿cómo pude haber sido tan ingenuo para no saber esto antes?). Da lo mismo si pones la luz frente a sus ojos; no la verán si no creen en ella.

Ahora me doy cuenta de que es mucho más importante abrir nuestros corazones que nuestros ojos. Si nuestros corazones están cerrados no importa lo que estemos mirando, nunca veremos nada como realmente es: maravilloso.

La gente no necesita una razón para ayudar a la gente.
—Anónimo

VIVIR CON GRATITUD

Agradecer cada respiro

La frase «toma una respiración profunda» es engañosa. La respiración simplemente no es algo que se pueda «tomar».

La respiración es un regalo, un milagro que se nos brinda continuamente una y otra vez. Sin embargo, de la misma manera en que sucede con la salud, a menudo la damos por sentado hasta el momento justo en que nos falta. Aceptemos este regalo con gratitud y aprecio del mismo modo en que aceptaríamos cualquier regalo: dando las gracias.

En ocasiones la sociedad puede parecer insatisfecha y malagradecida. Además, pareciera que el mundo hubiese perdido la capacidad de saber apreciar. Sin embargo, algunas personas todavía saben hacerlo y ahí reside la promesa.

Vamos... acepta el regalo de un par de respiraciones profundas con los ojos cerrados y una sonrisa en el rostro.

¡Qué dicha es estar vivo!

La satisfacción hace rico al pobre.
La insatisfacción hace pobre al rico.
—Benjamin Franklin

La prevención es la mejor cura

Un día llegué a mi límite y finalmente dije: «¡Ya basta! Estoy harto de tus mentiras, tu violencia y tu manipulación. ¡Márchate! Esta relación SE ACABÓ».

A pesar de haber crecido juntos y compartido buenos momentos a lo largo de los años, REALMENTE se sintió bien alejarme, por fin, de esa abusiva relación. La recién descubierta libertad me brindó la oportunidad de crecer como individuo, de ver en mi interior, de leer libros y de pasar mucho más tiempo al aire libre.

Debo admitir que las primeras semanas de la separación fueron muy difíciles. Realmente extrañaba la rutina de su abrazo familiar al llegar a casa (porque la rutina es algo que nos reconforta a nosotros, los seres humanos, incluso si es disfuncional). Ahora que han pasado más de diez años desde la última vez que nos vimos, puedo decir con honestidad que no extraño mi televisor para nada. ☺

Es verdad que no TODO lo que está en la televisión es negativo, malo, violento ni está repleto de tediosos comerciales, pero por lo que a mí respecta tuve que cortar con todo a fin de acabar con la adicción. ¿Me perdí de algunos documentales fabulosos, unas cuantas lecciones y de algunas investigaciones científicas transmitidas por Discovery Channel? ¡Por supuesto! Aunque definitivamente no extrañé levantarme y escuchar las malas noticias o ver noticias aun peores antes de ir a la cama. ¡Eso seguro! En lugar de ello hice mis propias búsquedas, a mi propio ritmo, bajo mi propio horario y sin interrupciones comerciales.

Al inicio, el único cambio que noté fue que ya no podía unirme a la conversación con los colegas del trabajo junto a la máquina dispensadora de agua fría en la oficina. Sin embargo, después de una década sin televisión percibí un cambio significativamente más notable: todos mis pensamientos me pertenecían. Nadie me decía qué pensar, comprar, comer, ver o lo que me debería gustar. Yo tomaba mis propias decisiones.

Me pregunto si el no haber estado expuesto a los medios de comunicación es, en parte, una razón por la que me siento tan feliz todo el tiempo, porque no solamente dejé la televisión, sino que me fui con todo y también suprimí los periódicos, la radio y las revistas.

En un libro llamado *Meditación*, Eknath Easwaran explica cómo nosotros no sólo comemos con la boca, sino también con los ojos y los oídos. Esto quiere decir que si vemos o escuchamos la negatividad tóxica, la violencia, las habladurías y básicamente todo aquello que no contribuya a nuestro crecimiento o madurez como adultos, se producirá el mismo efecto que si comiéramos únicamente azúcares refinados, comida frita y grasas saturadas: estaremos destinados a enfermarnos. Sin embargo, esta enfermedad adquiere la forma de miedo, paranoia, ansiedad, avaricia, inseguridad, falta de confianza en nuestros hermanos y hermanas e insatisfacción con la vida en todo su conjunto. ¡Puaj!

Por fortuna para nosotros, al igual que con la mayoría de las enfermedades, ¡la prevención es la mejor cura!

Empieza a prestar atención para saber cuánto de lo que ves te produce miedo, enojo o ansiedad, en comparación con cuánto de lo que lees o a lo que estás expuesto trata sobre el amor incondicional, la gratitud, la confianza, el respeto y la divinidad interior de todos los seres (incluido tú mismo).

Como dijo Carlos Castaneda: «O nos hacemos miserables o nos hacernos felices. La cantidad de esfuerzo es la misma».

Así que sigue adelante y elige ser feliz. Da el primer paso y evita las cosas que te hacen INfeliz. ¡Eso en verdad me ayudó!

Las flores sólo se abren cuando están listas;
lo mismo sucede con la personas.
Uno no puede apresurarlas o forzarlas a abrirse
sólo por creer que ya es tiempo.
Sé paciente.
—Timber Hawkeye

Versiones de la violencia

La primera vez que confronté a mi madre por sus maltratos su respuesta fue: «A ver, ¡enséñame un moretón!». Es curioso que nunca nos golpeó a grado tal de dejar una marca visible. Sin embargo, las cicatrices llegaron más profundo y su forma de agredir no siempre fue física. A pesar de que en aquel entonces yo tenía trece años no era capaz de expresar con palabras cuánto me asustaban mis propios padres.

No fue sino hasta que vi un póster en el supermercado anunciando una línea de ayuda local para niños que sufrían de maltrato que me hice consciente de que era ilegal que los padres golpearan a sus hijos.

Un par de décadas más tarde escuché la canción *Versiones de la violencia* de Alanis Morissette, y me hizo comprender la manera en que yo también estaba siendo violento como adulto sin siquiera darme cuenta.

La canción me dio la oportunidad de reflexionar sobre mí mismo y de crecer, por lo cual estoy profundamente agradecido. Dar consejos no solicitados, forzar, controlar, etiquetar, juzgar y entrometerse son sólo algunas cuantas versiones de la violencia que nos afectan profundamente. «Estas versiones de la violencia —escribió Morissette— son a veces sutiles y a veces evidentes. Además, las que pasan desapercibidas son las que siguen dejando huella una vez que se van».

Todo en tu vida mejorará
tan pronto como tu determinación de seguir adelante
sea más fuerte que tu renuencia a dejar atrás el pasado.
—Timber Hawkeye

El control está en tus manos

Cuando era niño solía llorar en mi habitación tratando de pensar en maneras de matarme a mí mismo o a las personas a las que culpaba por mi desdicha, con el fin de poder dejar de sentirla.

Terminé haciendo lo que más tarde descubriría es el enfoque budista para aliviar el sufrimiento: no me deshice de mi madre, por ejemplo; me deshice del apego emocional hacia ella. Existe una causa de nuestro sufrimiento y también existe una salida.

Resulta que yo la odiaba porque nunca cumplió mis expectativas de cómo «debería» ser una madre. Sin embargo, tan pronto como me liberé de esas expectativas, finalmente la vi como mi más grande maestra, no como enemiga, y *acepté* el hecho de que hizo lo mejor que pudo.

A pesar de que no me demostró con el ejemplo un modelo de comportamiento que yo hubiera querido imitar al crecer, mi madre me mostró perfectamente en qué NO quería convertirme jamás y ésa es una lección igual de importante.

Lo que aprendí es que nadie tiene el control de tu felicidad (o infelicidad). ¡Sólo TÚ!

Cuando alguien te ama
no hace falta que te lo diga.
Puedes saberlo por la forma en que te trata.
—Anónimo

Por qué la gratitud es tan importante

Érase una vez una mañana fría de invierno, en la que me levanté de la cama después de no haber podido dormir toda la noche. Los vecinos habían estado discutiendo y azotando las puertas. Los truenos y relámpagos continuaron despertándome y no lograba sentirme cómodo en ninguna posición. Me levanté frustrado y de mal humor. Éste era sólo el inicio de mi día.

¿Qué fue lo más importante? Dos meses atrás un amigo me había sugerido que intentara meditar cada mañana. Para ser honesto no me gustó en absoluto. Por años había seguido la misma rutina: tomar café, ver las noticias, desayunar y entrar a Internet para ver mi correo. Ahora, antes que cualquier otra cosa, ¿me pedían sentarme por unos minutos y concentrarme en mi respiración? La mayoría de las veces solamente terminaba pensando en todas las demás cosas que preferiría estar haciendo (o simplemente deseaba seguir todavía en la cama).

Como podrás imaginar, sentarme a meditar después de una noche sin dormir fue extremadamente difícil, pero una promesa era una promesa.

Me levanté de la cama, me dirigí al pequeño rincón en mi apartamento que había designado para meditar y me senté con mis amargos pensamientos acerca de todo lo que me había mantenido despierto durante la noche.

Sin embargo, a los dos minutos de haberme sentado algo curioso sucedió: ninguna de mis quejas permanecía. En lugar de sentirme molesto por la tormenta de afuera me sentí bendecido de estar bajo un techo. La discusión de los vecinos únicamente logró que me sintiera agradecido por la sana relación en la que me encontraba y, cuando me puse a pensarlo, en realidad no había razón alguna para quejarme de sentirme incómodo en la cama mientras que tanta gente dormía a diario en la calle en cajas de cartón.

Fue sorprendente cómo la gratitud logró imponerse por encima de cada sentimiento negativo que tuve. Mi meditación matutina resultó mejor que una taza de café. Además, me sentía positivamente entusiasmado por la jornada que se anunciaba. De hecho, cada vez que me topaba con los vecinos al ir de salida sentía pena y tristeza, en lugar de enojo, pues sabía que ellos habían tenido una noche aun peor que la mía.

La gratitud es un antídoto fabuloso contra casi todo sentimiento negativo. En el momento en que nos enfadamos con alguien, en ese instante olvidamos lo agradecidos que estamos de tenerlos en nuestra vida. Tan pronto como volvemos a la gratitud la ira desaparece. ¡Es sorprendente!

Pruébalo alguna vez y descubrirás que sonreír es inevitable.

Si estás en un pozo
lo primero que debes hacer es dejar de cavar.
—Will Rogers

Una forma simple de ser el cambio

Solíamos depender de la Iglesia para infundir un sentido de gratitud en nuestros hijos. Sin embargo, debido a que muchas personas se han alejado de la religión por una razón u otra hoy depende de nosotros mismos utilizar las herramientas que tenemos para hablar con regularidad de todo aquello por lo que estamos agradecidos.

Por ejemplo, al difundir mensajes de gratitud en Facebook o Twitter equilibramos los miedos y las ansiedades que los medios de comunicación han impuesto a la sociedad a través de cada canal de televisión o estación de radio.

Demostremos a la siguiente generación lo sencillo que es encontrar cosas por las cuales estar agradecidos, a no ser que prefiramos el terrible y creciente sentido de que uno tiene derecho a todo, que en mi opinión no es nada menos que una epidemia.

La intención de cada capítulo es despertar, iluminar, enriquecer e inspirar y la gratitud se halla en el centro de esa intención. Te invito a incluir la gratitud para que constituya la base de tus publicaciones en línea, de tus interacciones cotidianas con amigos y familiares e incluso de las conversaciones a la hora de la comida en el trabajo. Lleva un diario de gratitud y elabora un muro de gratitud en tu hogar, donde todos puedan escribir de forma regular las cosas por las que están agradecidos.

Por ejemplo, la siguiente vez que alguien se queje de su trabajo sé aquel que diga: «Agradezco que tengo un trabajo». Si alguien reniega de no tener suficiente de algo sé aquel que menciona lo mucho que aprecia lo poco que tiene. No estoy sugiriendo que te conviertas en un odioso, al grado de restar validez a la versión de la verdad de otras personas. Sólo encamínalos, de forma hábil y sencilla, en dirección al rayo de luz porque, créeme, ellos también quieren verlo, sólo que no pueden hacerlo en ese momento. Sé paciente sin justificar su negatividad. Recuerda los medios hábiles.

Ya tienes la idea: no contribuyas al creciente problema que la gente tiene de dar las cosas por sentado y de sentirse víctimas. En lugar de eso celebra el hecho de que vivimos más allá de la supervivencia y que incluso estamos demasiado mimados, comparados con muchas otras personas.

Buscar la felicidad fuera de nosotros mismos
es como esperar que salga el sol
en una cueva de cara al norte.
—Proverbio tibetano

Los pensamientos, las palabras y las acciones

Si alguna vez has sacado a pasear a un cachorro sabrás que corre hacia todo aquello que despierta su curiosidad. Sin embargo, después de que se le entrena para obedecer algunas órdenes básicas crece para convertirse en nuestro obediente e intuitivo mejor amigo.

La mente puede ser tan activa y difícil de controlar como un cachorro. Sin embargo, nunca la hemos entrenado para que nos escuche. ¿Por qué no lo hemos hecho? La mente viaja rápidamente entre pensamientos aleatorios, llega a conclusiones precipitadas y le cuesta trabajo mantenerse enfocada. Tenemos tan poco control sobre ella que algunas veces no podemos siquiera apagarla al término del día. ¡Si se tratase de un cachorro estaríamos furiosos con él!

Sabemos que el budismo trata acerca de entrenar a la mente y que existen muchos métodos para hacerlo. El segundo principio de *Campo de entrenamiento budista* es que los pensamientos se convierten en palabras y las palabras se convierten en acciones. Sin embargo, para entrenar a la mente, *Campo de entrenamiento budista* sugiere trabajar de modo inverso. Empieza por cambiar tus acciones, luego sé consciente de tus palabras y tus pensamientos seguirán finalmente.

Primero reconoce y elimina tus malos hábitos (cualesquiera que sean). Si, por ejemplo, actúas con enojo de manera habitual, entonces no existe suelo fértil en tu mente para que la semilla de la gratitud crezca. Para pensar positivamente tus acciones deben estar alineadas con tus intenciones.

Sé parte de la solución al no ser parte de la contaminación. Estudiar budismo por sí solo no es suficiente. ¡Debemos poner en práctica lo aprendido!

Entrenar a la mente requiere mucho autocontrol, determinación y estar libre de ira (ya sea que sigas este método en particular, la meditación trascendental, el yoga o cualquier otro enfoque).

Campo de entrenamiento budista no está aquí necesariamente para enseñarte nada nuevo, sino para impulsarte a llevar a la práctica lo que ya sabes. Está aquí para señalar la dirección hacia la gratitud y el amor incondicional. No basta sólo con PENSAR ACERCA DE la compasión y la bondad; debemos SER compasivos y bondadosos. ¡Así que a trabajar!

> *Un gramo de práctica*
> *vale más que una tonelada de palabras.*
> *—Mahatma Gandhi*

Hacer «lo correcto»

Tom es un padre soltero con dos hijos. Cuando su esposa murió de diabetes tipo 2 el año pasado juró cuidar mejor la salud de la familia realizando tres acciones nuevas de forma regular: comer más frutas y verduras, hacer ejercicio y nunca más volver a comprar comida chatarra.

Esta noche, con tan sólo diez dólares para comida, les preparará a sus hijos un puré de papas, pollo a la parrilla y brócoli al vapor. A pesar de que él quisiera comprar todo orgánico, simplemente no le es posible pagarlo en este momento, así que está haciendo lo mejor que puede para evitar los alimentos procesados, las bebidas gaseosas y todo aquello que contenga jarabe de maíz con un alto contenido de fructosa.

Una mujer llamada Laura se encuentra de pie junto a Tom en la tienda de alimentos. Su vida es completamente diferente a la de él. Su carrito de compras está lleno de productos orgánicos de temporada, los cuales puede pagar fácilmente sin vacilar. A pesar de que es una vegetariana estricta y una gran partidaria de los agricultores locales, en realidad no puede molestarse con Tom por comer carne o comprar alimentos no orgánicos. Es cierto que lo orgánico es mejor que lo convencional, pero la comida convencional es ciertamente mejor que la comida chatarra. De acuerdo con su tiempo, lugar y circunstancia, Tom está haciendo lo correcto. Ambos lo están haciendo.

Nunca juzgues a nadie por sus elecciones. Siempre recuerda que lo opuesto de lo que sabes también es cierto. Cada perspectiva que otra persona tenga acerca de la realidad es tan válida como la tuya. Entonces no importa cuán seguro estés de que lo que estás haciendo sea «lo correcto», debes aceptar con humildad la posibilidad de que incluso alguien que está haciendo exactamente lo opuesto puede estar haciendo «lo correcto» también.

Todo está sujeto al tiempo, el lugar y la circunstancia. ¡Los «deberías» no existen en el pensamiento compasivo!

Haz todo el bien que puedas,
por todos los medios que puedas,
de todas las maneras que puedas,
en todos los lugares que puedas,
todas las veces que puedas,
a todas las personas que puedas,
todo el tiempo que puedas.
—John Wesley

El activismo

Ayer conocí a una mujer maravillosa que al principio me dio la apariencia de ser una activista política resentida, agresiva, harta y enfadada, además de una feminista encolerizada. Entre más hablaba yo de la forma en que creo que la paz mundial comienza al mirar dentro en uno mismo (al cambiar nuestra mentalidad hasta finalmente superar la avaricia, el odio, la ignorancia y el miedo), ella más molesta parecía porque yo no proponía hacer algo para cambiar «el sistema corrupto».

Conversamos durante un par de horas antes de que ella pudiera bajar la guardia el tiempo suficiente como para al menos comprender (aunque no necesariamente estar de acuerdo) que aunque mi enfoque y el de ella fuesen completamente diferentes ambos estaban encaminados hacia el mismo fin.

Después de todo, «el sistema» está integrado por individuos. Al educar a la siguiente generación para ser pacíficos y compasivos estamos construyendo los sistemas del futuro para que operen bajo intenciones altruistas en lugar de estar guiados por el ansia de poder.

La mujer quería que el cambio global ocurriera YA y la admiro por ese sentido de urgencia y pasión. Nuestras tácticas deben ser diferentes para llegar a una gran variedad de públicos. De este modo, a pesar de que ella es una activista revolucionaria que despierta la conciencia a través de un método muy distinto al mío, ella es, en realidad, un soldado de la paz en el ejército del amor.

Lo que aprendí es que todos somos activistas a nuestra manera. Puede que yo no proteste con pancartas en un intento por derribar al gobierno, pero sí escribí un libro y estoy sembrando semillas de gratitud con la esperanza de que las personas se acuerden y recuerden lo que «por el pueblo y para el pueblo» realmente significa. Nunca antes me hubiera considerado a mí mismo como un activista, aunque supongo que lo soy, a mi manera.

Los soldados de la paz en el ejército del amor son en ocasiones difíciles de identificar como aliados porque algunos utilizan métodos completamente diferentes a los nuestros. Un fuereño podría haber pensado que la mujer y yo estábamos discutiendo, aunque para mí estábamos creciendo como personas y por eso estoy eternamente agradecido.

Si me invitan a una marcha en contra de la guerra no iré.
Invítenme a una marcha en favor de la paz
y ahí estaré.
—Madre Teresa de Calcuta

La permanencia

Cuando tenía veintitantos años me hice un tatuaje al término de cada una de mis relaciones. Creo que fue porque estaba decepcionado y buscaba algo permanente cuando todo lo demás se sentía incierto.

Por fortuna elegí frases e imágenes en las que me gustaría creer toda la vida. Son recordatorios de lo que realmente importa:

El amor incondicional, la honestidad, el respeto, la confianza, el autocontrol, la determinación, estar libre de ira, la felicidad, la tranquilidad, la igualdad, la fortaleza, la divinidad, la libertad, el espíritu de *aloha*, el permanecer unidos, el sentido del hogar y, al darme cuenta de que todos ellos eran demasiado serios, añadí un tatuaje de un jugador de vólibol para representar la diversión.

¿Acaso todos buscamos algo permanente en un mundo que es transitorio?

En el momento en que aceptemos, no que temamos, que todo es temporal, podremos apreciar cada respiro como un regalo. Trátese del amor de un amigo, la familia, la juventud o la vida misma, celebremos y disfrutemos que hoy los tenemos.

Vive como si fueras a morir mañana.
Aprende como si fueras a vivir para siempre.
—Mahatma Gandhi

La Carta por la Compasión

Esta tarde una persona me vio con mi libro en mano y me preguntó: «¿Eres budista?». No supe cómo responder esa pregunta. Soy muchas cosas y, sin embargo, ninguna de ellas me define. Aunque técnicamente soy judío, mi mantra es hindú, me ordené como budista y mi meditación matutina es la oración católica de San Francisco de Asís. Estudio religión y psicología simultáneamente (para poder entender por qué y cómo es que la gente cree en lo que cree) y me he dado cuenta de que con lo que más coincido de todo corazón es con la Carta por la Compasión, que no es sectaria y dice:

El principio de la compasión permanece en el corazón de todas las tradiciones religiosas, éticas y espirituales, y siempre nos pide tratar a los demás como nos gustaría ser tratados. La compasión nos impulsa a trabajar sin cansancio para aliviar el sufrimiento de nuestros semejantes; nos motiva a dejar de lado el egoísmo y aprender a compartir y nos pide honrar la inviolable santidad de cada ser humano, tratando a todos, sin excepción, con absoluta justicia, equidad y respeto.

Es además necesario en la vida pública y en la privada abstenerse de causar dolor de manera sistemática y categórica, actuar o hablar de manera violenta, obrar con mala intención, manejarse priorizando el interés personal, explotar o denegar los derechos básicos de cualquier persona e incitar el odio denigrando a los otros, aunque sean enemigos. Actuar de manera contraria implica negar nuestra humanidad. Reconocemos haber fallado en vivir con compasión y sabemos que algunos han incluso incrementado la miseria humana en nombre de la religión.

Por eso pedimos a hombres y mujeres restaurar la compasión al centro de la moralidad y de la religión; volver al antiguo principio que afirma que cualquier interpretación de la escritura que incite a la violencia, el odio o al despecho, es ilegítima; garantizar a los jóvenes una información precisa y respetuosa sobre otras tradiciones, religiones y culturas; estimular una apreciación positiva de la diversidad cultural y religiosa; cultivar una empatía consecuente con el sufrimiento de los seres humanos, hasta con aquellos que consideramos enemigos.

En nuestro mundo polarizado hay una necesidad urgente de transformar la compasión en una fuerza clara, luminosa y dinámica. Arraigada en la determinación de trascender el egoísmo, la compasión puede romper las fronteras políticas, dogmáticas, ideológicas y religiosas. Nacida de nuestra profunda interdependencia, la compasión es esencial para las relaciones humanas y para la realización de la humanidad. Es el camino hacia la claridad, indispensable para la creación de una economía justa y de una comunidad global y pacífica.

La única prueba para una idea religiosa,
una declaración doctrinal, una experiencia espiritual o
una práctica devocional válida es que debe guiar directo
a la compasión práctica.
–Karen Armstrong

Es más fácil decirlo que hacerlo

La respuesta más común y recurrente al mensaje de este libro es: «Es más fácil decirlo que hacerlo».

¡Vamos! Éste es un campo de entrenamiento. NO se trata del camino de menor esfuerzo.

Puede que entrenar a la mente para ser más positiva, cariñosa, tolerante y bondadosa sea «más fácil decirlo que hacerlo», aunque ciertamente es más fácil que vivir el resto de tu vida con odio, ambición e ira.

Tenemos que esforzarnos si queremos liberarnos del velo de la ignorancia.

Deja ir lo que te está matando, ¡incluso si te está matando el dejarlo ir!

Una caminata fácil en la dirección equivocada
es significativamente más difícil que
un trayecto de subida hacia la euforia.
—Timber Hawkeye

EN EL BIEN CONFIAMOS.
– Campo de entrenamiento budista

Visítanos en línea
TimberHawkeye.com

Si disfrutaste este libro comparte una copia con un amigo.
Cuando una persona difunde el Dharma
millones de ellas se benefician.

Únete a nuestra comunidad en Facebook
facebook.com/BuddhistBootCamp

Namasté.